だまされる視覚

錯視の楽しみ方

北岡明佳

DOJIN文庫

まえがき

急ぎで湖の写真が必要なのだが、湖の写真はもっていないとする。家族も友人ももっていない。そんなとき、どうすればよいだろうか。解決策の一つとして、写真を合成して湖をつくるという手がある。

図1はその例である。私の勤める立命館大学のキャンパスには湖はないのだが、湖があるように見える。図2が元の写真である。上下さかさまのコピーをつくって、貼り合わせるだけでできる。

＊　＊　＊

本当は湖はないのに湖があるように見えるのであるから、それは錯覚である。本書は錯覚、とくに視覚性の錯覚（錯視という）がよくわかる解説書である。また、本書は、錯視を使って作品をつくる方法を指南する実用書でもある。

図１　合成写真「立命館湖」。立命館大学衣笠キャンパス（京都市北区）に湖があるように見える。後方の山は衣笠山。

図2　合成写真「立命館湖」の元の写真。

錯視を使って効果的なプレゼンテーションや面白い絵をつくりたいという人には、本書はきっと役に立つ。悪いことには使わないように。

＊　＊　＊

悪いことといえば、人をだますことは悪いことである、と日本で育った私は教えられてきた。行ったことがないので真偽をこの目この耳で確認していないが、だまされる方が悪いとする文化の国もあるらしい。そのせいかどうかはわからないが（たぶん違うが）、錯視を好むかどうかの国民性には差があって、日本人は平均的にはあまり錯視に熱狂しない民族であると思う。

一方、ヨーロッパ人の錯視好きときたらものすごくて、錯視好きというより錯視熱烈歓迎愛好者御一行様といった方がよいかもしれない。私が受け取る錯視好きからのファンレター（といっても電子メール）は、圧倒的に外国からである。書いてある内容も、ひたすら「面白い、すばらしい、（錯視デザインをホームページで公開していてくれて）ありがとう」である。覚えたての日本語で「Arigato」と書いてあったりする。

日本のファンからもそういう熱いファンレターはたまにくるが、どちらかというとまじめな感じの文面の方が多い。まじめといってもいろいろで、「だまし絵は錯視ですか？」あたりが一番多くて、「錯視ってどんな役に立ちますか？」といった感じの質問が続くかな、といったところである。私が大学の教員であるから、というのもまじめなファンレターが多い原因の一つかもしれない。「偉い先生」に馬鹿な質問はできない、とファンが身構えている可能性もなくはない。

ヨーロッパの錯視ファンが私にファンレターをよこす理由は明らかである。錯視そのものが好きだからである。面白ければそれでよいのだ、文句はないのだ、最高なのだ、という文化があるのである。パイ投げやらトマト投げやらのメンタリティーと共通している。

一方、日本にはそういう部分は少ないように思う。国土が急峻《きゅうしゅん》で狭隘《きょうあい》であった関係で、国民は平均的には貧しかったから、耐え忍ぶ労働を徳とするほかはなく、遊びというものに対して臆してしまう性質が培われてきたのだろう。

＊　＊　＊

と、錯視をネタに比較文化論を一席打ってしまった。しかし、本書を手にしている読者のみなさんには無用の文化論であったかもしれない。なぜなら、みなさんはおそらく遊ぶ気でこの本を手にしたのだから。

遊ぶ気でいるみなさんには、本書はまじめな部分も多くてうっとうしいと思われるかもしれない。しかし、まじめな部分はあとで遊ぶためにあるのだから、少しだけ我慢して付き合っていただきたい。そして、本書を活用して存分に遊んでいただくことができるようになれば、幸いである。

だまされる視覚　目次

第1章

錯視とは何か

この章は読み飛ばしてもらって結構である。しかし、まずは最初に難しいことをまとめて述べておきたい。読者のみなさんが、あとになって錯視の意外な難しさに気づく前に、一言断っておいた方がよいであろうから。

錯視は脳で起こる

錯視（visual illusion）とは、目の錯覚のことである。もっとも、「目の」錯覚といっても、錯視は目ではなく、脳で起こる現象である。

錯視は錯覚（illusion）の一種なので、まずは「錯覚」という日常で普通に使われることばを考えよう。このことばを専門的に定義すると、錯覚とは「実在する対象の真の性質とは異なる性質を帯びた知覚」のことである。わかりやすくいうと、「実物とは違う見えや聞こえ」、「誤った知覚」、「だまされた知覚」のことである。

この定義は一見あたりまえで、問題になるような部分はないように見えるが、科学的に研究しようとすると、厄介なことがらをかなり多く含んでいる。それはなぜなのかを、以下に述べてみた。

錯覚とは何か

錯覚は「実在する対象の誤った知覚」である。知覚だけあって実在する対象がない場合は、幻覚（hallucination）とよばれる。

「知覚」とは何か、という問題については、本書は心理学の本なので、疑問をはさむ余地のない、与えられた自明の概念とする。しかし、「実在する対象」の方には疑問がある。なぜなら、実在する対象の実在性をどうやって知るかというと、知覚によるからである。その知覚が「だまされる」というのが錯覚なのである。

対象の実在性は理性によって与えられているとするプラトン流の実在論や、対象の実在性は主観とは関係なく与えられているとする唯物論などいろいろな考え方があるが、本書は心理学（ココロの科学）の本なので、いずれの立場も取らない。なぜなら、前者は科学的でなく、後者はココロの実在性を否定するからである。

なお、私の考え方は、おおむねヒューム（David Hume：一七一一〜一七七六）の考え方（経験論）に準拠する。経験主義哲学を極めれば、知覚至上主義あるいは唯心論に至りそうであるが、そこまで極端な立場も取らない。サイ（超自然的現象）の存在は認めるが（サイを研究する超心理学の研究成果を信用して）、身体を離れた霊魂の存在は信じないし、心身二元論にも反対する。

本書では、「実在」とは何か、という哲学論争には立ち入らない。心理学は自然科学であり、自然科学は要するに素朴実在論（普通の人が実在すると思うものが実在する）なので、ココロはあると思うからココロは実在するのであり、モノは実在すると思うからモノは実在するのである。普通、モノの研究の「科学度」の方がココロのそれよりも高く感じられるが、それは、モノの実在性の程度がココロの実在性の程度よりも高く感じられるからである。

錯視の多くは知覚レベルの錯覚

つまり、錯覚の研究においては、何を「実在する対象」とするのか、という点が重要である。まず最初に思いつくのは、モノを実在する対象とする場合である。たとえば、図1－1では、五つある円のうち相対的に大きい円が三つと小さい円が二つあるように見えるが、実際には同じ大きさの円である。

この場合、実在する対象は紙に描かれた円である。その「実際の」円の大きさという「客観的」に測定できるものと、「見えの」円の大きさという「主観的」なものの不一致が、錯覚を生じる。

逆に、対象の客観的性質と主観的性質の不一致を、主体が認知あるいは意識しなければ、それは錯覚ではない。平たくいうと、錯覚と気づかなければ錯覚ではなく、ただの知覚なのである。その場合、図1－1では大きい円が三つと小さい円が二つあることになるのだ。この点についてのより詳細な議論は、箱田裕司・仁平義明編『嘘とだましの心理学』（有斐閣、二〇〇六）の「第1章　目の前にある嘘とだまし—錯覚—」などを参

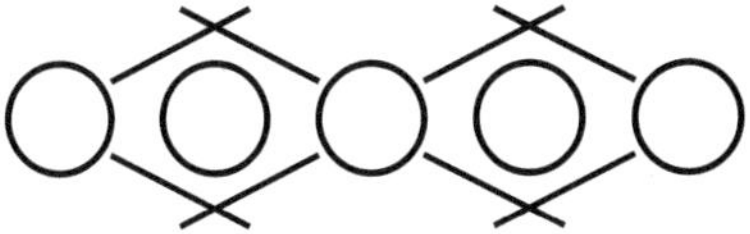

図1－1　筆者作「提灯」。五つの円は同じ大きさだが、左から大小大小大に見える。北岡明佳,『トリック・アイズ2』, カンゼン (2003)。

照されたい。

ところで、図1－1の例は、心理学では知覚レベルの現象であり、錯視の多くはこのレベルに属する。本書で紹介する錯視のすべては、このレベルのものである。

勘違いの心理学

港町神戸の南側は海である。北側は六甲の山並みが立ち並んでいる。「その向こうは日本海やで」という冗談があるらしい。六甲に登ったことのない私は、あの屏風のような山を見ると、冗談を本気にしてしまいそうである。

この冗談が成立するためには、六甲の北側には有馬温泉をはじめ、陸地（というか、なだらかな山地や盆地）が延々と続いているという知識が必要で、その知識があって初めて、「六甲の向こうは日本海というのは錯覚」ということになる。この場合の「実在する対象」は「六甲の北側の陸地」である。

この例は、心理学では認知レベルの現象として扱い、知覚レベルより高次である。認知レベルの錯覚は、思考心理学あるいは問題解決の心理学などで研究が進められる。いわゆる「思い違い」や「勘違い」という意味での錯覚の研究である。

蜃気楼は錯覚か

蜃気楼《しんきろう》というものがある。砂漠で遠くにオアシスのようなものが見えるとか、海の向こうに陸地や船がさかさまになって見えるとか、いろいろな例が知られている。これらは光学的な気象現象である。もっと身近なところでは、水の入ったコップにストローを差すと水面上と水面下の境で曲がって見える、という現象がある。これも光学的現象である。

このような、物理的要因が誤った知覚を生じさせていると考えられる現象については、心理学は研究対象として取り上げないのが普通である。心理学の研究者が扱うのは、心理学的要因によって引き起こされた知覚の変容の例である。ところが、心理学の専門家でない人は、右にあげた現象も錯覚の仲間に入れたがるものである。

本章の冒頭で、「(錯覚とは) 実在する対象の真の性質とは異なる性質を帯びた知覚」であると定義した。この定義の中では、どうやったら真の性質と知覚上の性質に違いが発生するのか、ということは考慮されていないし、その必要もない。ということは、これらの物理レベルの現象も錯覚の仲間に入れないわけにはいかない。むしろ、「正しい」

知覚を妨げる物理的要因がいろいろあるのだという事実をさらに深く認識するためには、もっと積極的に心理学に受け入れたい現象群であるように思われる。

錯視はなぜ起こるのか

錯視を研究していると、「錯視はなぜ起こるのですか」と質問されて、窮することが多い。その理由の一つとして、これまで述べてきたように、錯覚・錯視とよばれるものの範囲が広いということがあり、まずはどのレベルの錯視の話を聞きたいのかを質問者から聞き出さなければ、答えようがない。

それでは、錯視を本書が取り扱う知覚レベルの現象だけを指すことにしたら、答えは簡単かというとそうでもない。質問者は統一的で普遍的で切れ味のよい説明を期待しているのであるが、答えは逆で、「錯視の数だけ原因がある」という投げやりな感じの物言いがおそらく正しい。なお、その原因が何であるか比較的よくわかっている錯視もあれば、昔から知られているわりにはあまりよくわかっていない錯視もある。

本書は錯視デザインの指南書としての色彩が濃いので、個々の錯視についてなぜ起こるのか、ということについて、くわしく書いていない。それらについて大いに興味のある方は、私がさらに学術性の高い本を出すまで待っていただくか、実際に学術論文や学術誌のレビューを読んでいただくのがよい。

錯視にかかわる脳領域

錯視は視覚現象なので、錯視が発生する場所は大脳皮質の視覚野と考えられる。もっとも、錯視の原因と考えられる神経活動を測定できたとする報告は、まだ少ない。

眼球内の光受容器である網膜から視床の外側膝状体を介して最初に情報が到達する大脳領域を、第一次視覚野という。V1野（visual area 1）と略称する。V1野は後頭葉にある。サルの場合、形と色の情報は、V1野からV2野（visual area 2）、V4野（visual area 4）を経て、側頭葉の下部にあるIT野（inferotemporal cortex）（TEO野とTE野）に投射される。サルでは、解剖学的にも電気生理学的にもそれらの部位は同定されている。ヒトの場合でも、fMRI（機能的磁気共鳴画像法、脳の活動を非侵襲的に測定する装置）を使った研究によって、V4野までは場所が大体わかっている。

V1野は、特定の傾きの線分やエッジに応答するニューロン（神経細胞）が多く、V2野、V4野、IT野と高次脳領域に進むにしたがって、複雑な形に応答するニューロンが多くなる。また、高次の脳領域ほど、ニューロンの受容野が大きい。受容野とは、そのニューロンが「見ている」範囲のことで、たとえば、低次視覚野であるV1野の個々のニューロンは視野のほんの狭い範囲しか「見て」いないが、高次視覚野であるIT野のニューロンには視野の半分近くを「見て」いるものがある。

本書で取り上げた傾きの錯視（第4章）の生成には、これらの経路のどこか、あるい

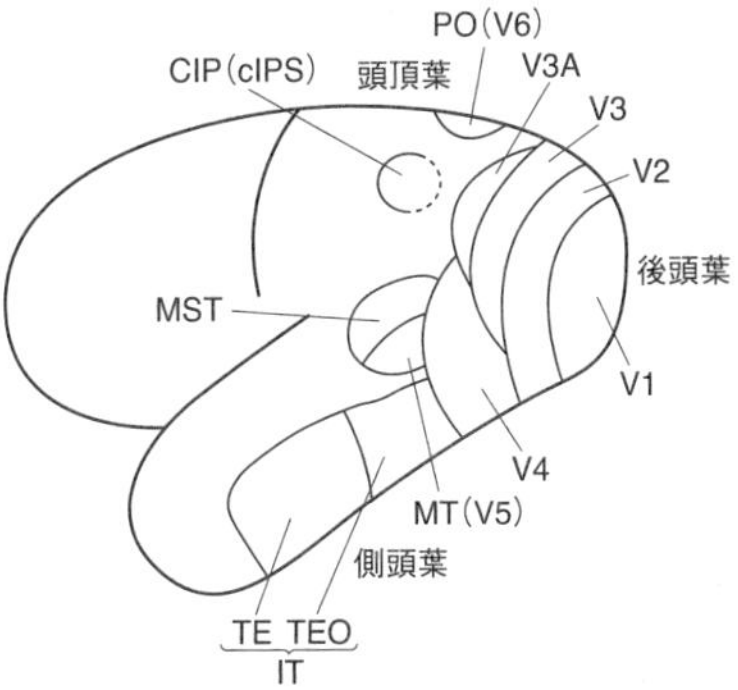

図1-2　錯視に関係する可能性のある大脳視覚領野。

は全体がかかわっていると考えられる。明るさの錯視（第3章）や色の錯視（第5章）についても、この経路が関与していると考えることが妥当である。

ものの動きを視覚的に捉える脳領域は上記とは異なり、V1野からMT野（V5野）、MST野と進む経路と考えられている。MST野には、視覚刺激の回転運動や拡大・縮小運動に応答するニューロンがある。第2章で取り上げる「止まっているものが動いて見える」錯視の生成には、これらの経路のどこか、あるいは全体がかかわっていると考えられる。とはいっても、まだ直接的な証拠はない。

第6章で取り上げる立体視や空間視には、さらに別の経路が関与している可能性がある。V1野、V3A野、PO野（V6野）・CIP野（cIPS野）といった経路で、後頭葉から頭頂葉方向への投射である。

これらの神経生理学の情報はいろいろなメディアを通じて入手できるが、今回私は、甘利俊一・外山敬介編『脳科学大事典』（朝倉書店、二〇〇〇年）に拠った。

錯視の楽しみ方

本書では、おもに知覚レベルの錯覚、それも視覚性の錯覚すなわち「錯視」を紹介する。錯視はそのままでも面白いという不思議な性質をもっているが、本書では、読者のみなさんが錯視のアカデミックな楽しみ方もできるよう、知覚心理学の研究成果や考え方を交えた構成としている。

しかし、錯視を本当に楽しむためには、パソコンとプリンタとドローソフトがあるとよい。今やパソコンとプリンタは錯視図形をつくるにはどれを選んでも十分高性能なので、ドローソフトをどう選ぶかということが大切となる。

私はコーレル・ドローというソフトを使っている。昔々、私が錯視研究を始めたころ、コーレル・ドローはそれほど値段が高くないのに、高性能であった。そのため、私はこのソフトをずっと愛用しているのだが、読者のみなさんにはあまりお薦めできない。なぜなら、このソフトは日本では人気がなくて、注文しないと入手できないことが多いからである。

一方、アドビ・イラストレーターというソフトがあって、これがドローソフトの定番である。デザイナーなどのプロは普通これを使う。私も今はもっているが、昔は値段が高かった。もっとも、今でも安いとはいえない。

そのほか、キャンバスというドローソフトを使っていたこともある。コーレル・ドローよりも安かったという記憶がある。ほかには、花子というソフトもドローソフトらしい。

ドローソフトによく似たもので、CAD（computer-aided design）がある。これはどちらかというと、建築などのプロが使う製図用ソフトである。そのほか、3Dソフトもドローソフトの一種といえる。

私はマイクロソフト・ワードというワープロソフトに付いているおまけのドロー機能も愛用している。正方形と長方形と円を描く程度だったら、それで十分である。おまけソフトとはいえ、ベジェ曲線（好きな形に描ける三次元曲線）の描画機能などもちゃんと装備されている。

錯視図形を作成するソフトについては、初版当時とお薦めに変化はない。ワードのドロー機能はさらに充実して、エクセルやパワーポイントでも使えるようになっている。付け加えるならば、パワーポイントのアニメーション機能はお薦めである。「アニメーション」というプルダウンメニューにある。図形を移動・回転・拡大させたり、出現・消失させたりと、いろいろできる。下のＱＲコード（ＵＲＬはhttp://www.psy.ritsumei.ac.jp/~akitaoka/munkerillusion-redheart01-movie_demo01.gif）は、ムンカー錯視のつくりを説明したＧＩＦアニメーションである。これはパワーポイントだけで作成したものである。

これらの道具を使って錯視で遊んでいるうちに、いつの間にか錯視に対する理解が深まっていくものと私は信じている。

本書は、「錯視とは何か」ということが楽しみながらわかるよう読者のみなさんを導く、世界初の錯視ガイドブックである。文庫化にあたり、初版では割愛した色の錯視を追加した。また「実際には止まっているものが動いて見える錯視」（第2章）をたくさん解説している点も、本書の画期的特長である。

第2章

静止画がなぜ……止まっているものが動いて見える錯視

「止まっているものが動いて見える錯視」というものがある。古くから知られている例としては運動残効がある。運動残効（motion aftereffect）とは、たとえば電光掲示板の流れる文字を見続けたあと、静止したものを見ると、見ていた文字の動きの方向と反対方向に止まったものが動いて見える現象のことである。滝の錯視（waterfall illusion）という名称でも知られている。

本章で紹介するのは新世代の錯視である。「止まっているものが動いて見える錯視」では長いので、本書ではこれ以降「動く錯視」と短縮してよぶことにする。

一　動く錯視の発見――オオウチ錯視

オオウチ錯視

ここ数年の視覚研究において、動く錯視への注目度が増している。その最大の理由は、動く錯視の現象が目新しくて面白い（科学的好奇心をよび起こす）からであるが、ほかの理由としては、動く錯視の図形が純粋な運動視の刺激を提供する可能性があるということもある。神経科学のめざましい発展によって、運動視を専門的に処理する脳部位というものがあることはわかってきた。しかし運動視の刺激は必然的に位置の変化も伴うので、位置の変化を伴わない純粋な運動視の刺激が求められているのである。

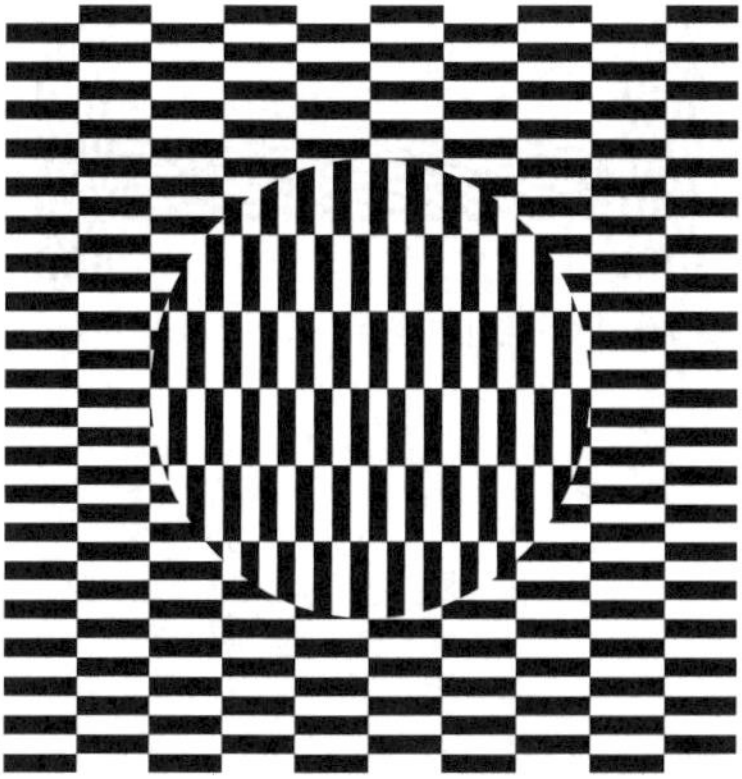

図2-1　**オオウチ錯視。**内側の円領域が動いて見える。

この研究の流れの実質的な出発点となった動く錯視が、オオウチ錯視（Ouchi illusion）である。オオウチ錯視は長方形で構成された市松模様図形に現れ、たとえば縦長の市松模様と横長の市松模様を組み合わせると、どちらかが動いて見える（図2-1）。多くの人にとっては、外側に配置された市松模様は止まって見え、内側に配置された市松模様が動いて見える。

この錯視は、ドイツの視覚研究者スピルマン（Lothar Spillmann）らが、一九八六年にオオウチハジメというデザイナーの著書の中に発見した。[*1] 私が見たところでは、オオウチ氏はこの錯視に気づいて、そういうデザインを作成したわけではないようである。そのため、オオウチ錯視の発見者はスピルマンということになるが、彼が名づけた「オオウチ錯

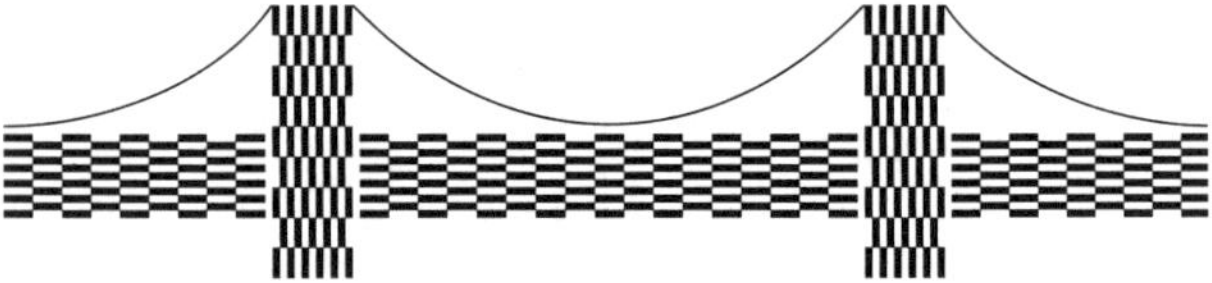

図2－2　筆者作「つり橋」。橋桁あるいは橋脚が動いて見える。

視」の名称が定着してしまったため、もはや変更は困難と思われる。なお、オオウチハジメ氏がどのようなデザイナーであるかについては、視覚研究者であるわれわれの側には、今のところ手がかりがない。

オオウチ錯視図形の作成は、簡単といえば簡単である。長方形だけでできているからである。たとえば、図2－2のような作品をつくるのは難しくない。

一方、基本図形でありながら、図2－1のような図形をつくるのは意外と腕がいる。どこに技術を要するかというと、円形領域の中に市松模様を埋め込む作業である。普通は、ドローソフトで描いた円の中に、ビットマップの市松模様を埋め込むことで解決する。コンピュータ・プログラミングによって力ずくで描くというのもいいだろう。

なぜ動くのか

ところで、オオウチ錯視の研究論文はすでに十本以上公刊され、そのメカニズムはあたかも解決されたかのように書いてあるものも少なくない。ただ、私の見る限り、これで決まりというものはないように思われる。

オオウチ錯視図形に含まれる動く錯視のうち、最も単純な錯視は、図2－1を斜め方向に動かしたときに見ることができる。ヒトの目は動いているものを自動的に追いかけるようにできているから（追跡眼球運動）、追いつけない程度の速度で図を動かすか、図は止めておいて図の上でペンの先を動かして目で追いかけさせるか、である。

回転する錯視

いずれにしても、これらのやり方では、錯視を観察するのはあまり楽ではない。この問題を解決したのが、オオウチ回転錯視である（図2－3）。

この図では、観察者は中心を見ながら図に目を近づけたり遠ざけたりする（図の方を動かしてもよい）。こうすると目に映る像は拡大運動か縮小運動になるので、観察の邪魔になる追跡眼球運動は起きない。また、この図では市松模様を等角螺旋《らせん》に乗るように描いているから、像が拡大運動・縮小運動をして見えるときに、それぞれの「長方形」が動く角度は常に一定である（図2－3では±45度）。

図2－3を私はコンピュータ・プログラミングでつくった。プログラミング言語として有名なのはC言語であるが、私が愛用しているソフトはDelphiというものである。これはPascal系の扱いやすいプログラミング言語である。

図 2 - 3　オオウチ回転錯視。中心を見ながら図に目を近づけたり遠ざけたりすると、リングが回転して見える。近づくときに反時計回り、遠ざかるときに時計回りである。北岡明佳,『トリック・アイズ 2』, カンゼン (2003)。

しかし、プログラミングは一般の人には敷居が高い。そこで、初級用として図２‐４を推薦したい。これは、ブロック（黒い長方形五つで構成）を一つ描いて、回転複製してつくるだけである。外側のリングをつくったら、今度は縮小・反転で内側の図をつくる。反転は、上下反転でも左右反転でも結果は同じである。

もう一つのオオウチ錯視

ところで、オオウチ錯視にはもう一つ錯視がある（と思う）。図２‐５の階段状オオウチ錯視がわかりやすい。この図では、何もしなくても内側の円形領域が動いて見える。しかし、オオウチ錯視図でやるように斜め方向に図を動かしてみても、動く錯視はあまり起きないようである。

オオウチ錯視の基本図形でも述べたのと同じ理由で、図２‐５を描くのはやはりたいへんである。多くの人には図２‐６のような錯視図が描きやすいので、試してみていただきたい。もっとも、「この図で見られる錯視は階段状オオウチ錯視と同じ錯視である」と学問的に公式に認定されているわけではない。研究が追いついていないのである。

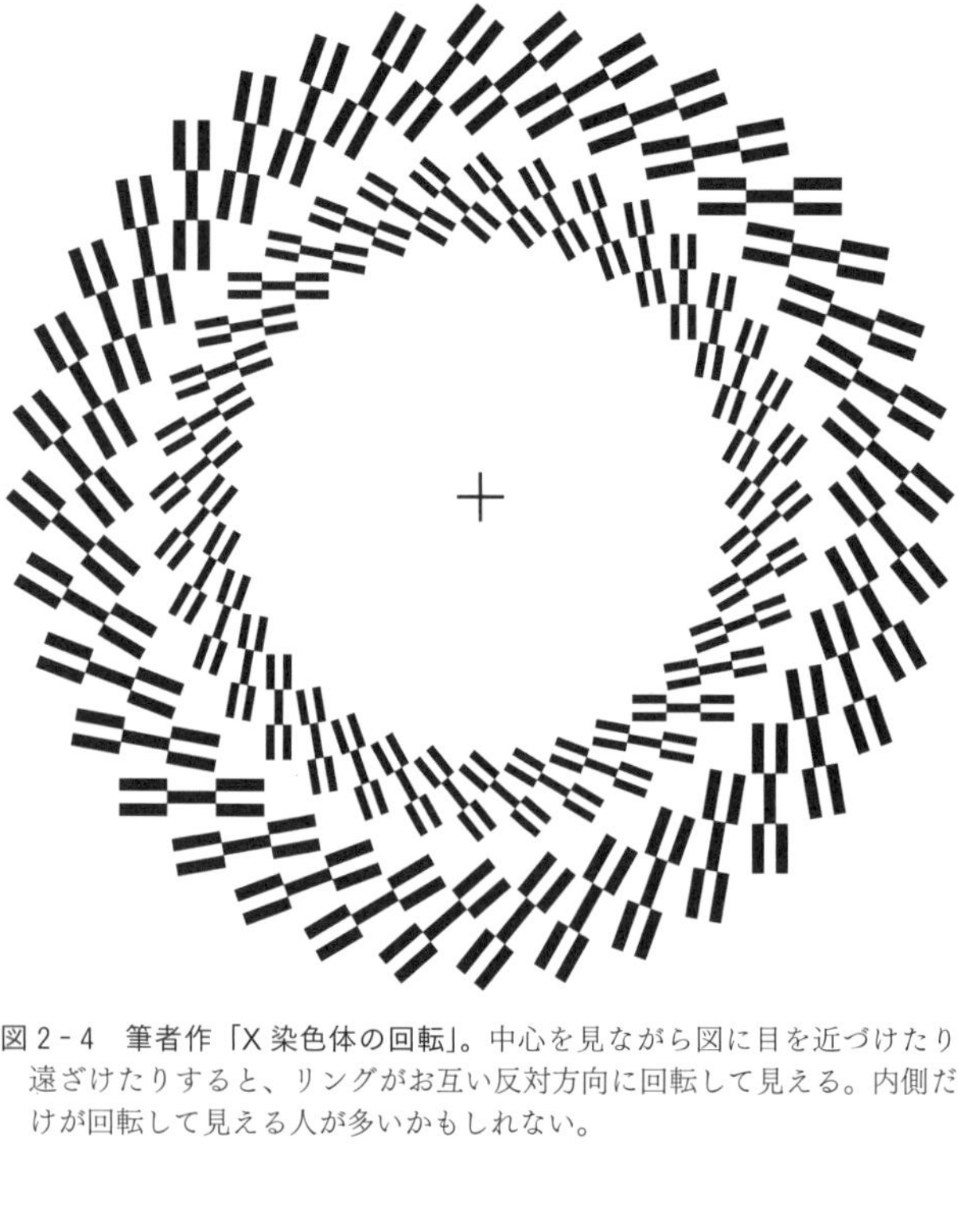

図2-4　筆者作「X染色体の回転」。中心を見ながら図に目を近づけたり遠ざけたりすると、リングがお互い反対方向に回転して見える。内側だけが回転して見える人が多いかもしれない。

図2-5　階段状オオウチ錯視。内側の円形領域がピクピクあるいはガタガタ動いて見える。

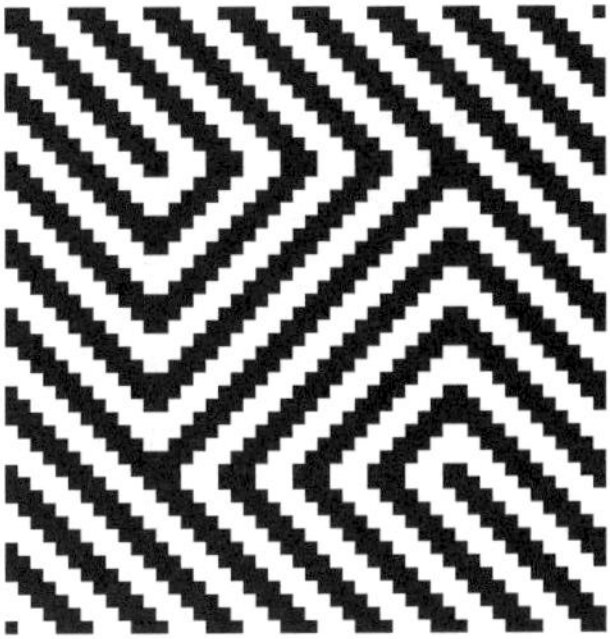

図2-6　階段錯視。内側の正方形領域が動いて見える。北岡明佳，『トリック・アイズ』，カンゼン (2002)。

二　四つの色で動きをつくる――四色錯視

四色錯視

濃い灰色と薄い灰色の市松模様の正方形の角が接するところに、黒と白の星形や十字形を置くことで動く錯視が得られる。このタイプの動く錯視は数年前までは全く知られていなかったが、パソコン時代の現在では、扱いやすいのに錯視量が多いため、つくって楽しむには手ごろな錯視となっている。

図2－7は、星型を置いたものである。錯視の基本名称は「Y接合部の錯視（illusion of Y-junctions)」である。[*2] Y接合部とは、明るさの異なる三つの領域がY字状に隣接している部分を指す。本来は、Y接合部の錯視は傾き錯視（垂直あるいは水平に描かれた市松模様が傾いて見えること。第4章参照）の方を指すが、ほかに名称がないので動く錯視の方も暫定的に同じ名称でよんでいる。

Y接合部の錯視は、網膜（眼の光受容器部分）に映った像の動きに対応して、特定の部位が動いて見える錯視である。図の像が上下に動けば左右に、左右に動けば上下に動いて見えるので、私は二つの動く錯視でできていると考えている。

Y接合部の錯視によく似たものに、「黒白円の錯視（illusion of black-and-white ellipses or circles)」（図2－8）がある。黒白円の錯視にもカフェウォール錯視（第4章参照）系統の傾き錯視が認められるが、[*2] 本章では動く錯視の方を指すことにする。

Y接合部の錯視と黒白円の錯視を比較すると、傾き錯視の方向は逆である。図2－7では、内側の正方形領域の垂直線は実際より時計回りに、水平線は反時計回りに傾いて見えるが、図2－8では逆である。しかし、動く錯視の方向は同じである。

これらのことから、①四色錯視では、傾き錯視と動く錯視が同居することがあるが、それらは同じメカニズムによるとは考えにくいことと、②四色錯視の動く錯視は、濃い灰色と薄い灰色の市松模様の正方形の角に黒いものを置くか、白いものを置くかで決ま

図2-7　四色錯視の代表例、Y接合部の錯視。内側の正方形領域が動いて見える。網膜上で図の像が上に動くと内側の領域は左に動いて見え、下に動くと右に動いて見える。一方、像が左に動くと内側の領域は上に、右に動くと下に動いて見える。

図2-8　四色錯視の例、黒白円の錯視。内側の正方形領域が動いて見える。網膜上で図の像が上に動くと内側の領域は左に動いて見え、下に動くと右に動いて見える。一方、像が左に動くと内側の領域は上に、右に動くと下に動いて見える。

図２-９　四色錯視の例、サクラソウの錯視。内側の正方形領域が動いて見える。網膜上で図の像が上に動くと内側の領域は左に動いて見え、下に動くと右に動いて見える。一方、像が左に動くと内側の領域は上に、右に動くと下に動いて見える。

ることが示唆される。

図2－9には、もう一つ四色錯視の例を示した。これは論文としては未発表である。サクラソウのような模様が付いているので、ここではサクラソウの錯視（illusion of primroses）としておきたい。サクラソウの錯視の傾き錯視は、Y接合部の錯視と同じ方向に市松模様が傾いて見える。

簡単につくれる四色錯視

これまで紹介してきたY接合部の錯視、黒白円の錯視、サクラソウの錯視は、ソフトの使い方に慣れないと描くのはやさしくないかもしれない。そこで、読者のみなさんのために、とっておきの四色錯視を紹介しよう。十字ドリフト錯視（cross drift illusion）である（図2－10）。正方形の角に十字を乗せるだけであるから、簡単につくれると思う。

十字ドリフト錯視の図に見られる傾き錯視は、縞模様コードの錯視（illusion of striped cords）とよばれているが、これは十年ほど前に私が発見した錯視である。[*3] しかし、発見当時、私はこの動く錯視に気が付かなかった。

最後にもう一つ、「サングラスの錯視」という四色錯視を示そう（図2－11）。この錯視は論文で発表されていないが、錯視量が多いだけでなく、ほかの四色錯視と違った性

図2-10　最も形の単純な四色錯視の例、十字ドリフト錯視。内側の正方形領域が動いて見える。網膜上で図の像が上に動くと内側の領域は左に動いて見え、下に動くと右に動いて見える。一方、像が左に動くと内側の領域は上に、右に動くと下に動いて見える。

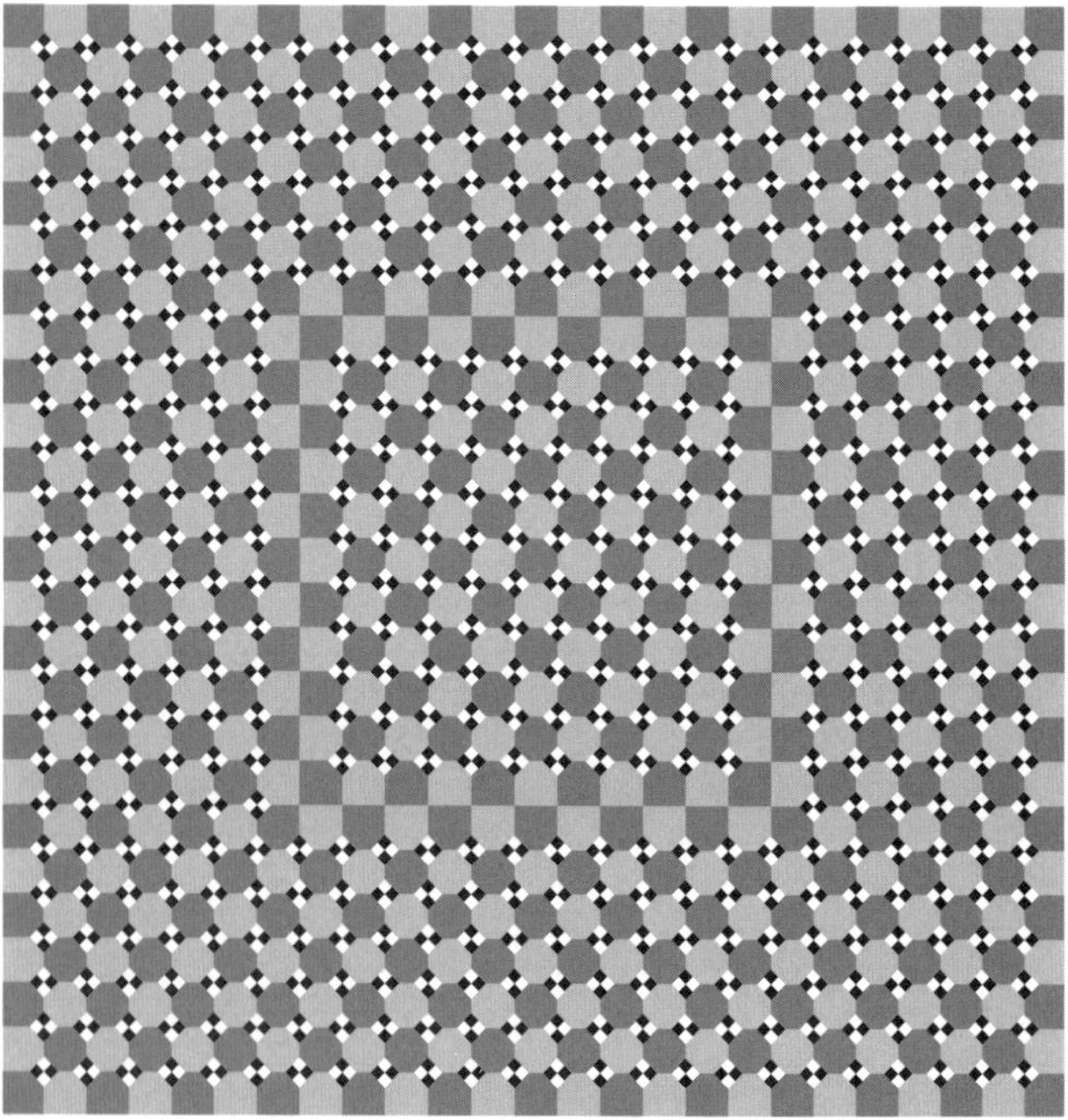

図 2 - 11　四色錯視の例、サングラスの錯視。内側の正方形領域が動いて見える。網膜上で図の像が上に動くと内側の領域は左に動いて見え、下に動くと右に動いて見える。一方、像が左に動くと内側の領域は下に、右に動くと上に動いて見え、この点が先に示した 4 例とは反対方向への動く錯視となっている。

質がある。見てわかるとおり、傾き錯視がほかのものとは異なり、たとえば内側の領域は全体として右に傾いて見える。つまり、垂直線も水平線も時計回りに傾いて見えるのである。しかし、ほかの四色錯視では、垂直線が時計回りに傾いて見える場合は、水平線は反時計回りに傾いて見えるのである。これに対応するように、動く錯視の挙動も、ほかのものとは異なる。

四色錯視で回転錯視

四色錯視の楽しめるところは、パソコンさえあれば描画が簡単で、しかも錯視量が多く、動く錯視と傾き錯視の両方を操作することができる点にある。また、本書で四色錯視とよんでいるのは色を付けることができるという意味もあり、明るさの順番を変えない制約の中でなら、どんな色を選んでもOKだ。四色錯視はきれいなカラー図形をつくって楽しむことに向いている。

なお、つくるのに技術は要するが、四色錯視で回転錯視もつくることができる（図2－12、図2－13）。真ん中を見ながら、図に目を近づけたり遠ざけたりすると、リングが回転して見える。

図 2 - 12　**四色錯視の回転錯視の例。**四色錯視としてＹ接合部の錯視を用いている。この図では、中心を見ながら図に目を近づけると、内側のリングは時計回りに、外側のリングは反時計回りに回転して見える。反対に目を遠ざけると、内側のリングは反時計回りに、外側のリングは時計回りに回転して見える。観察者によっては、外側のリングはあまり回転して見えない。リングは円なのだが歪んで見えるのは、渦巻き錯視だからである。

図2-13　四色錯視の回転錯視の例。四色錯視として黒白円の錯視を用いている。この図では、中心を見ながら図に目を近づけると、内側のリングは時計回りに、外側のリングは反時計回りに回転して見える。反対に目を遠ざけると、内側のリングは反時計回りに、外側のリングは時計回りに回転して見える。観察者によっては、外側のリングはあまり回転して見えない。

三　「蛇の回転」

「蛇の回転」錯視

立命館大学の私のホームページ『北岡明佳の錯視のページ』(http://www.ritsumei.ac.jp/~akitaoka/) から発信されて、世界的に人気を博している錯視図形がある。「蛇の回転」(Rotating snakes) という作品である。オリジナルは黒・白・青・黄・赤の五色でできているが、本書ではモノクロで示している（図2－14）。何もしなくても、それぞれの円盤が回転して見える。もっとも、色が付いていないとオリジナルより錯視量は減少するが、それでも明るい照明の下で図に目を近づけて眺めれば、十分な強さで錯視を感じられると思う。

「蛇の回転」錯視がオオウチ錯視や四色錯視と違う点は、回転錯視であるという点ではない。回転錯視はオオウチ錯視（図2－3）でも、四色錯視（図2－12）でもできたが、それらでは動く錯視を起こす図形部分の網膜像が決まった方向に動くように、中心を見ながら図に目を近づけたり遠ざけたりする動作が必要であった。しかし、「蛇の回転」錯視ではこのような動作は不要である。何もしなくてよいのである。

「蛇の回転」錯視は回転錯視に限らない。並進運動（複数の要素が塊のように一つの

図2-14　筆者作「蛇の回転」。それぞれの円盤が、何もしなくても回転して見える。なお、回転方向は決まっている。たとえば、一番左上の円盤は反時計回りに回転して見え、その右隣や下隣の円盤は時計回りに回転して見える。

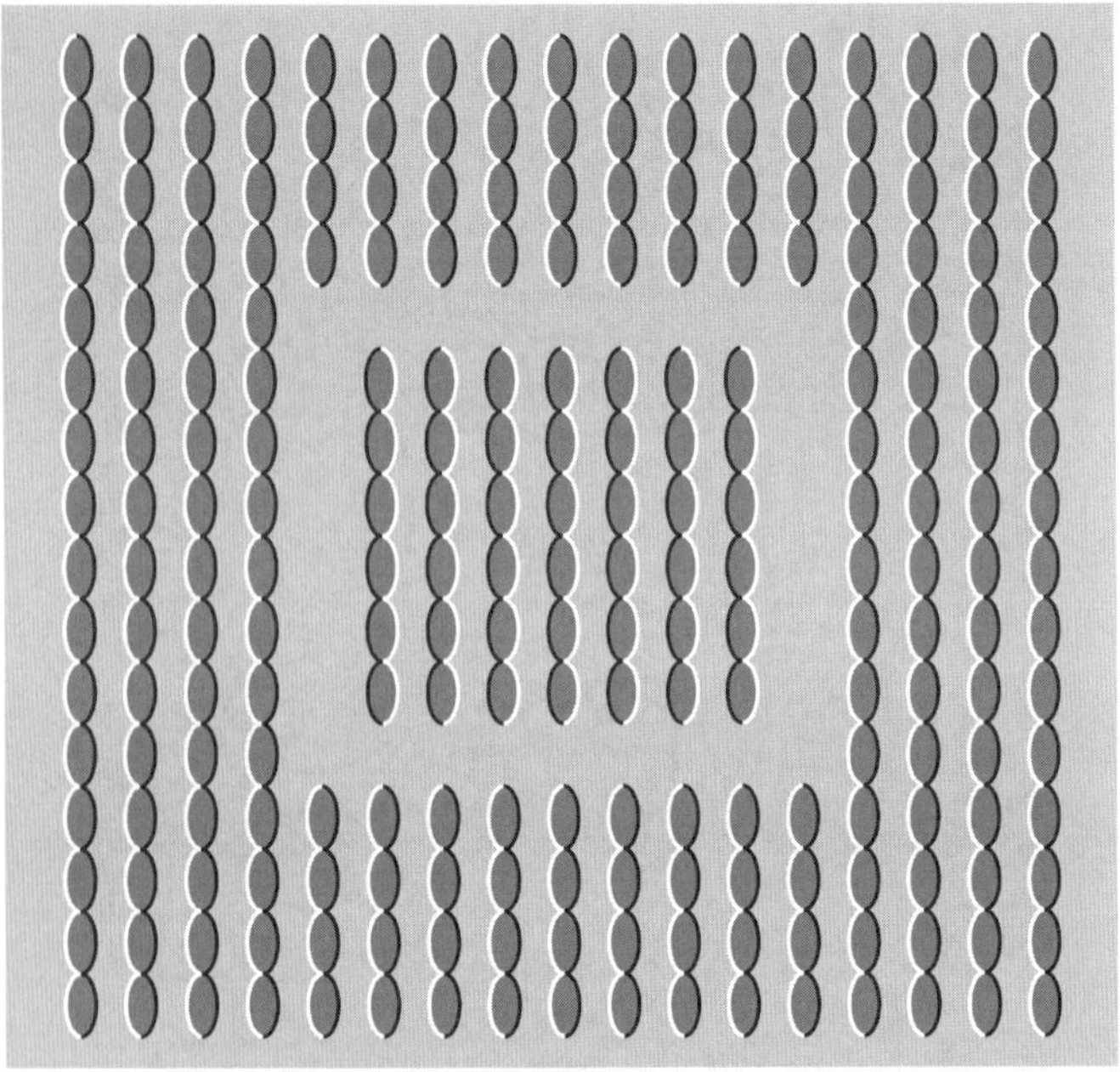

図 2 - 15 「蛇の回転」錯視の並進運動表示。内側の領域は右に、外側の領域は左に動いて見える。観察者によっては、外側の領域は止まって見える。

方向に動いて見えること）の例を図2－15に示した。また、図2－16には拡大・縮小運動の例を示した。

この錯視は、黒から濃い灰色の方向に、白から薄い灰色の方向に動いて見える錯視であると、われわれは考えている。[*4] 基本図形を回転錯視表示で示すと、図2－17のようになる。

基本図形である図2－17を見て気づくのは、錯視量が少ないということである。その原因の一つに、この錯視は中心視ではなく、周辺視で起こりやすいという謎の性質がある。図2－17のように対象が一つであると、それをつい中心視で見てしまうから錯視量が少なくなるというわけだ。図2－14のようにたくさん並べると、実は中心視で見ているところはそんなに動いて見えていないが、目を動かしているうちに、周辺視で捉えたものが動いて見えているので、すべてがクルクル回転するように見えるのである。

「蛇の回転」で遊ぶ

さて、「蛇の回転」錯視を用いたデザインのつくり方である。これまで示した図をつくることはとくに高レベルの技術は要しないが、初心者にはそれなりにたいへんかもしれない。図2－18ならすべて長方形でできているので、ちょっとつくってみて自信をもつのがよいかもしれない。

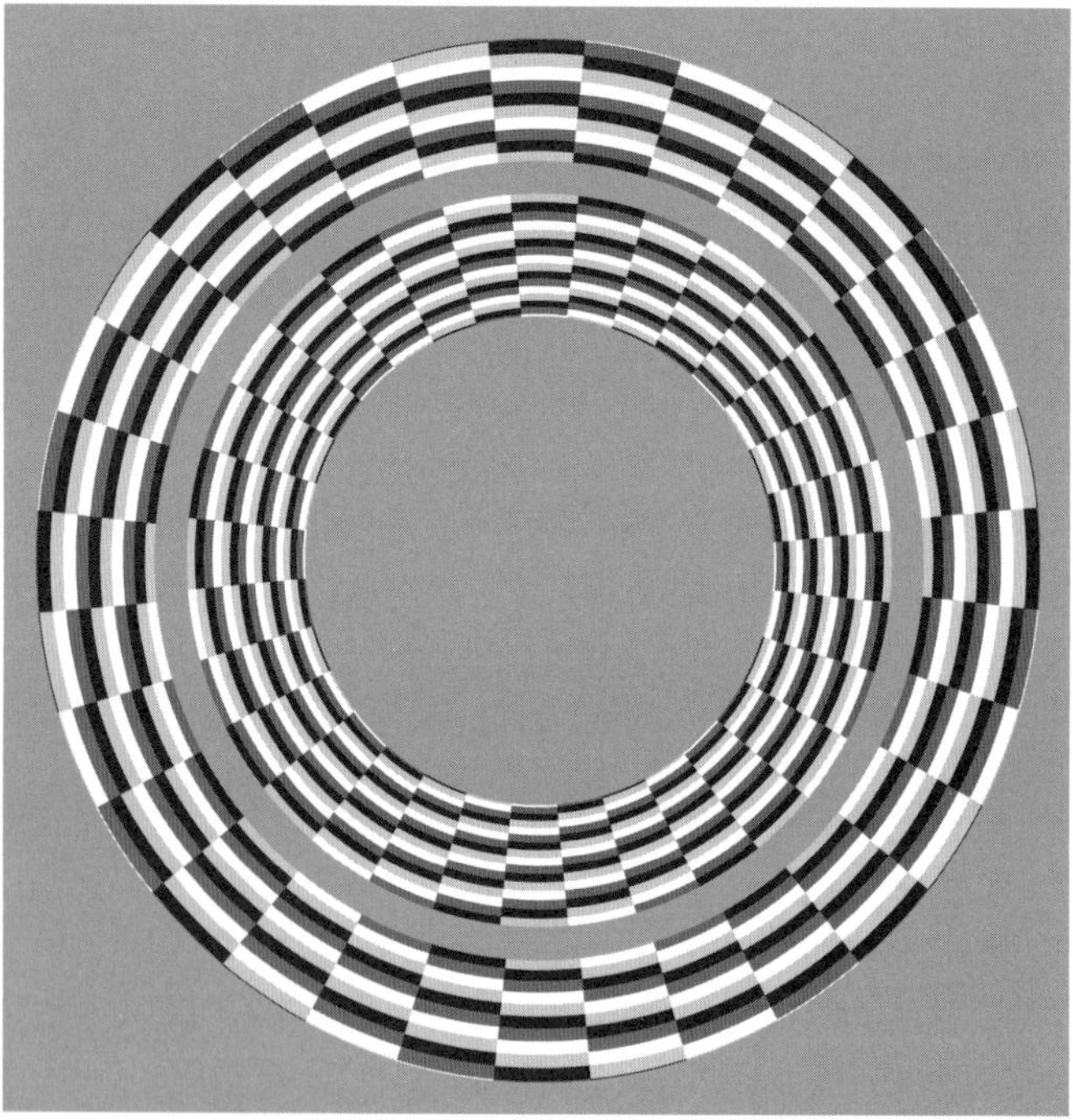

図 2 - 16　「蛇の回転」錯視の拡大・縮小運動表示。内側のリングは縮小して見え、外側のリングは拡大して見える。観察者によっては、内側のリングだけ動いて見える。

図2-17　「蛇の回転」錯視の基本図形。ディスクが右に回転して見える。

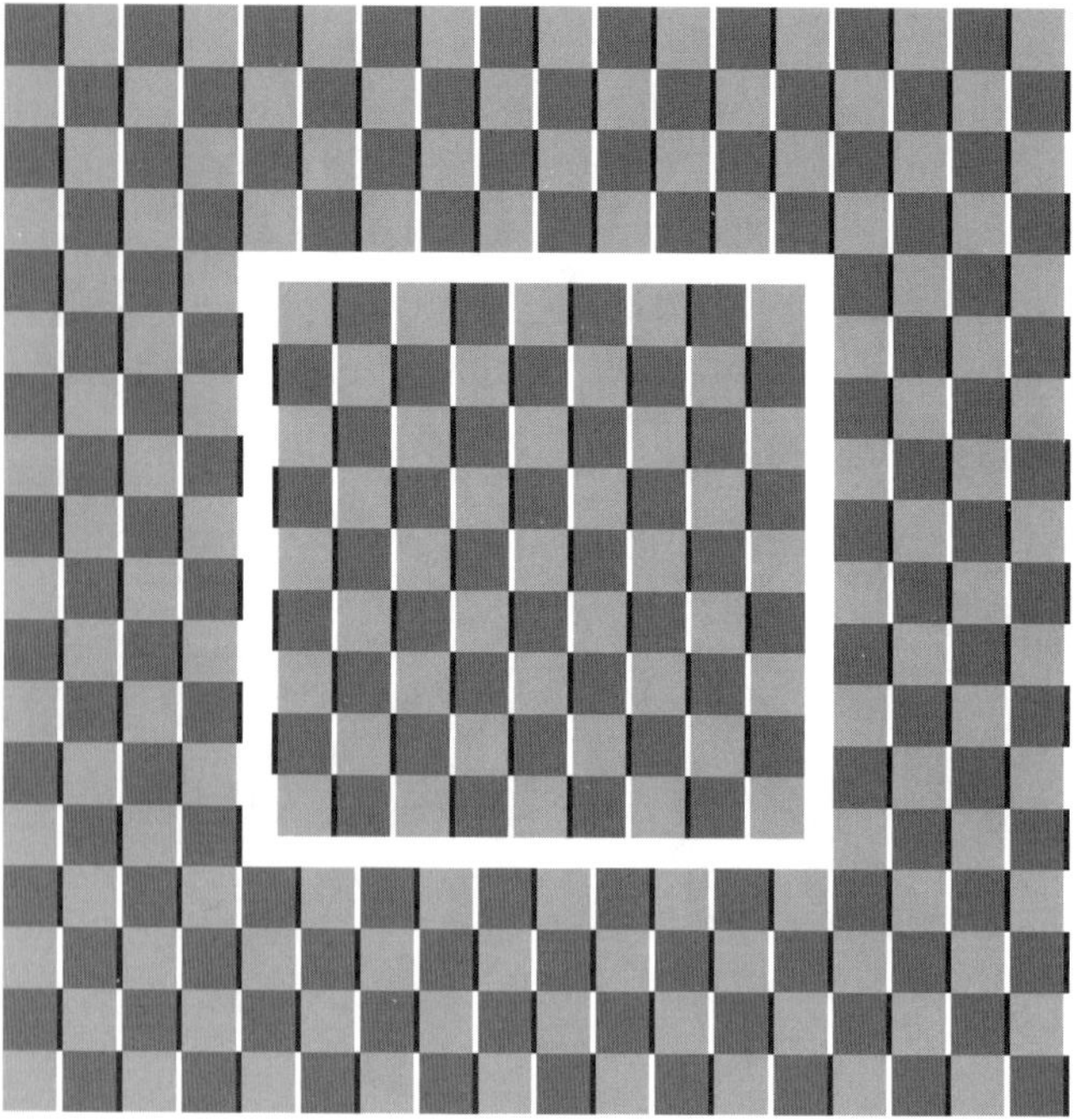

図2-18　筆者作「レンガの壁」。内側のレンガが右に動いて見える。

なお、「蛇の回転」錯視には個人差があり、どうしてもこの錯視が起こらない観察者が、少数ではあるが存在する。しかも、本書はカラーではなく（適切な色を付けると錯視量が増加する）、ページの面積も比較的小さいので、この錯視には不利な条件が揃っている。であるから、この錯視が書いてあるとおりに起こらなくても異常ということはないので、心配しないでいただきたい。

「蛇の回転」の歴史

さて、この錯視の歴史を簡単に述べよう。実は、「蛇の回転」錯視と同じと思われる錯視が一九七九年に発表されており、[*5] 発表者の名前を取って「フレーザー・ウィルコックス錯視（Fraser-Wilcox illusion）」とよばれる。オリジナルの図形はかなり複雑なデザインなので、図２－19のように簡略化した図形をフレーザー・ウィルコックス錯視とよぶことが多い。フレーザー・ウィルコックス錯視のオリジナルの論文では、黒から白へのグラデーションをくり返し配置した図形で得られ、グラデーション上で黒から白の方向に動いて見える観察者と、白から黒の方向に動いて見える観察者、および図形は動いて見えない観察者がいて、この性質は遺伝的に決まっているという報告であった。

後続の研究では、遺伝に関する仮説はさらに検討されることはなく、しかも、フレーザー・ウィルコックス錯視を構成する二つの見えた方のうち、「グラデーション上で黒

図2-19　**フレーザー・ウィルコックス錯視。**周辺視で見ると、ディスクが回転して見える人が多い。時計回りに回転して見える人と反時計回りに回転して見える人がいるとされていたが、近年では時計回りの錯視だけをフレーザー・ウィルコックス錯視とよぶ傾向にある。

から白の方向に動いて見える」場合のみをフレーザー・ウィルコックス錯視とよぶようになった。[*6]このことは、本書で後に示すように、不当な解釈であると私は考える。なぜなら、グラデーションの白から黒方向に動いて見える錯視もあるからである。

図2-19のような図形にはもう一つ錯視がある。それは、周辺ドリフト錯視(peripheral drift illusion)とよばれている。まばたきを連続しながら図2-19を見ると、ディスクが回転して見える現象である。[*7]恥ずかしいことであるが、私は二〇〇五年の夏までフレーザー・ウィルコックス錯視と周辺ドリフト錯視を混同していて、『蛇の回転』の基本錯視は『周辺ドリフト錯視』である」と、「蛇の回転」発表後約二年間、その間違いをあちこちで喋ったり、コラムなどに書いたりした。

図2-20　フレーザー錯視。「ねじれ紐」が、上から右下がり、右上がり、右下がり、右上がりに見えるが、斜線は水平に配置してある。斜線と同じ方向に全体が傾いて見える傾き錯視である。

傾きと渦巻き

フレーザー・ウィルコックス錯視をフレーザー錯視といい間違える人が時どき見受けられるが、フレーザー錯視は別の錯視なので注意が必要である。フレーザー錯視(Fraser illusion)は図2-20のような傾き錯視（第4章参照）で、たとえば、水平から少し傾いた線分を水平に並べると、並んだ全体は水平のはずなのに、線分の傾きと同じ方向に傾いて見える現象である。フレーザー錯視は一九〇八年に発表されたものなので、[*8] 発表者は同じフレーザーさんではない。

蛇足のついでにいうと、図2－21のような渦巻き錯視をフレーザー錯視という人がいる。確かにこの図はフレーザーが考案した。しかし、二〇〇一年にわれわれがフレーザー錯視以外の傾き錯視で渦巻き錯視をつくることができると示したので、[*2] 図2－21はフレーザー錯視による渦巻き錯視とよぶべきである。

図2－22には、別の傾き錯視による渦巻き錯視を示した。この図には、「蛇の回転」錯視を入れてあるので、ディスクが回転して見える。

なぜ「蛇の回転」は起こるのか

このように、「蛇の回転」錯視は「最適化型フレーザー・ウィルコックス」錯視とよぶことができ、私は暫定的にそうよんでいるが、これとオリジナルのフレーザー・ウィルコックス錯視は全く同じであると断定するのは容易でない。まず、「蛇の回転」錯視は黒から濃い灰色方向に動いて見える錯視と白から薄い灰色方向に動いて見える錯視の二種類の錯視からなっているが、フレーザー・ウィルコックス錯視では黒から白方向への動きだけが見えることに現在ではなっている。しかしながら、フレーザーとウィルコッ

図2-21　フレーザー錯視による渦巻き錯視。「ねじれ紐」は物理的には同心円（中心が同じ複数の円）であるが、右に回転して中心に向かう渦巻きに見える。

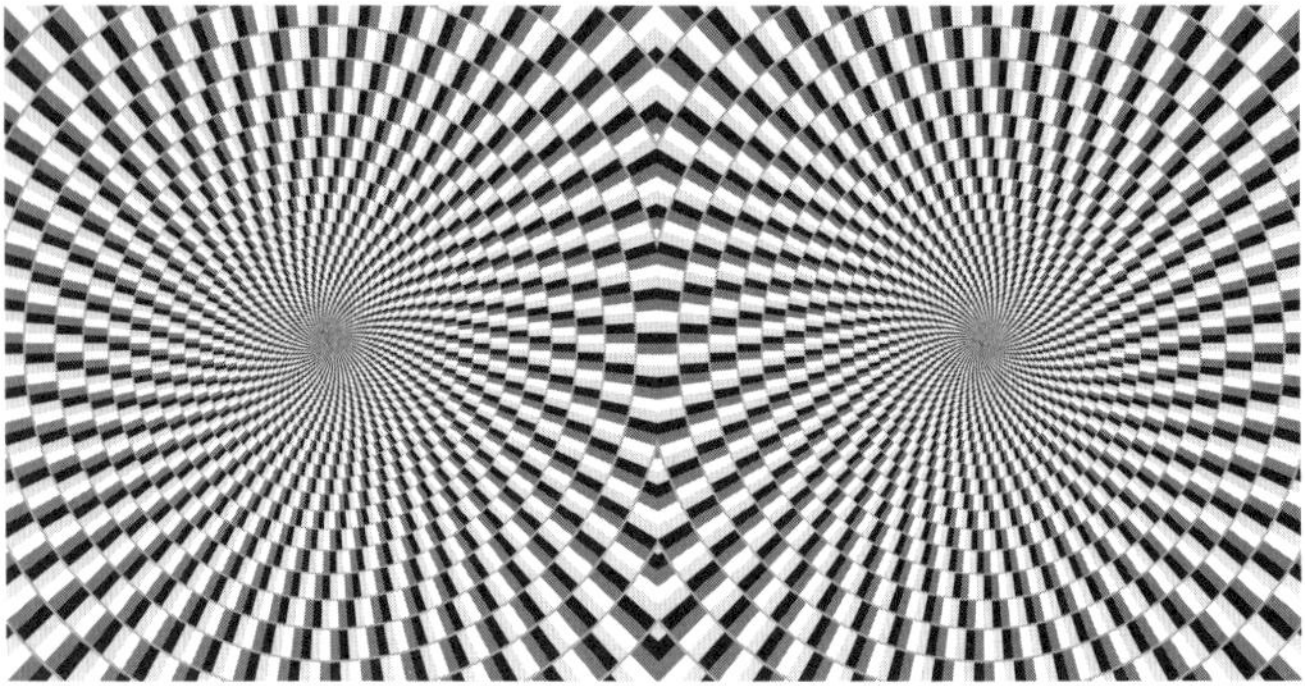

図2-22 「ずれたグラデーションの錯視」による渦巻き錯視。灰色の同心円が、左半分では右に回転して中心に向かう渦巻きに見え、右半分では左に回転して中心に向かう渦巻きに見える。さらに、この図形は「蛇の回転」錯視の刺激配置にもなっているので、左半分は時計回りに、右半分は反時計回りに回転して見える。

クスのもとの論文では白から黒方向に見える場合も記述されているわけで、この食い違いをはっきりさせなければならない。

まず、「蛇の回転」錯視は黒・白・濃い灰色・薄い灰色の四色でできている。しかし、フレーザー・ウィルコックス錯視はグラデーションでできている。はたして、「蛇の回転」錯視はグラデーションでできるのであろうか。答えは、図2-23に示したとおり、イエスである。[*9]

次に、黒から灰色へのグラデーションだけでも動く錯視が起こるかどうか、確かめてみよう。図2-23のうち、黒から灰色へのグラデーションではない部分を白にしたものが図2-24である。

図2-23　グラデーションによる「蛇の回転」錯視。 左のディスクは反時計回りに、右のディスクは時計回りに回転して見える。この図では、黒から灰色へのグラデーションと、白から灰色へのグラデーションで構成されている。なお、この図では終点の灰色は同じ明るさである。

図2-24　グラデーションによる「蛇の回転」錯視。 図2-23を、黒から灰色へのグラデーションだけにしたもの。左のディスクは反時計回りに、右のディスクは時計回りに回転して見える。

図２‐25　グラデーションによる「蛇の回転」錯視。図２‐23を、白から灰色へのグラデーションだけにしたもの。左のディスクは反時計回りに、右のディスクは時計回りに回転して見える。

錯視量は減るものの、回転錯視は起きている。一方、白から灰色へのグラデーションだけでも動く錯視は起こるのだろうか。同様に、図２‐23のうち、白から灰色へのグラデーションではない部分を黒にしたものが図２‐25で、錯視量は減るが、こちらも回転錯視は起きている。

つまり、フレーザー・ウィルコックス錯視は「蛇の回転」錯視と同じく、暗↓明と明↓暗の両方向の錯視からなっていることが示唆される。図２‐19で近年後者（明↓暗の錯視）が無視されるのは、前者（暗↓明の錯視）の錯視量が後者よりも多くて、相殺すると前者が後者に打ち勝つからではないかと、私は推定している。

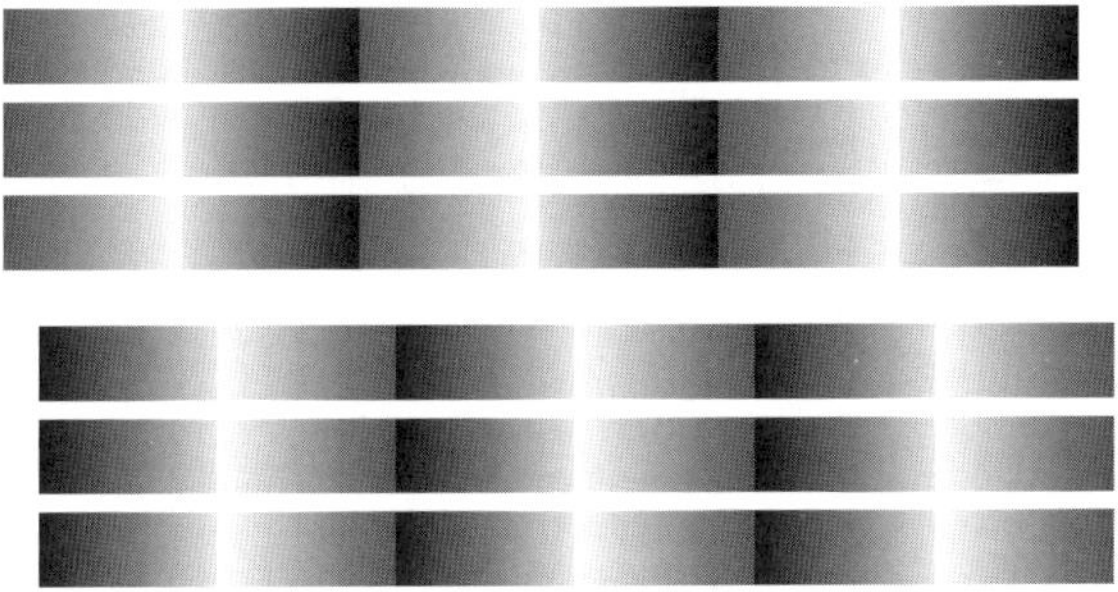

図2-26　「逆」フレーザー・ウィルコックス錯視。上の3列は右に、下の3列は左に動いて見える。グラデーション上で濃い灰色から白方向に、薄い灰色から黒方向に動いて見える。

「逆」フレーザー・ウィルコックス錯視

以上のようにフレーザー・ウィルコックス錯視を分析していくと、黒から灰色方向のグラデーションと白から灰色方向のグラデーションを交互に並べれば、この動く錯視が起こるように思えてくる。しかし、実際にはその原理だけではうまくいかないことが、二〇〇五年秋に判明した。逆方向に動いて見える錯視が発見されたのである（図2-26）。

この「逆」フレーザー・ウィルコックス錯視は謎が多い。「直進性」が高く、回転錯視の形態にすると錯視量が少なそうに見えることや、刺激を見てから動き出すまでの時間が「蛇の回転」錯視やフレーザー・ウィルコックス錯視よりも長いように感じられること、中心視でも十分錯視が起こっているように見えることなどである。

もっとも、錯視をつくって楽しむには、「逆」フレーザー・ウィルコックス錯視は実に都合がよい。黒から薄い灰色へのグラデーションと白から濃い灰色へのグラデーションを並べるだけでできるからだ。グラデーションに色を付けると、さらに楽しめる。

四　「ボート」――中心ドリフト錯視

中心ドリフト錯視

「蛇の回転」錯視では、黒から濃い灰色の方向、白から薄い灰色の方向に動いて見えるのであるから、どちらも背景と比較して、明るさのコントラストの高い領域から明るさのコントラストの低い領域の方向に動いて見えているということになる。この逆に、明るさのコントラストの低い領域から明るさのコントラストの高い領域の方向に動いて見える錯視があり、中心ドリフト錯視とわれわれはよんでいる。[*10] 周辺視で起こる錯視の周辺ドリフト錯視と対照させる意味で、中心視でも起こる錯視なので、中心ドリフト錯視（central drift illusion）と命名し、日本視覚学会の二〇〇四年冬季大会で発表した。ただし、この錯視の公開については今のところ、この学会発表と拙著『トリック・アイズグラフィックス』（カンゼン、二〇〇五）のみである。このため「中心ドリフト錯視」は国際的に通用した名称ではない。図2－27に代表例を示した。

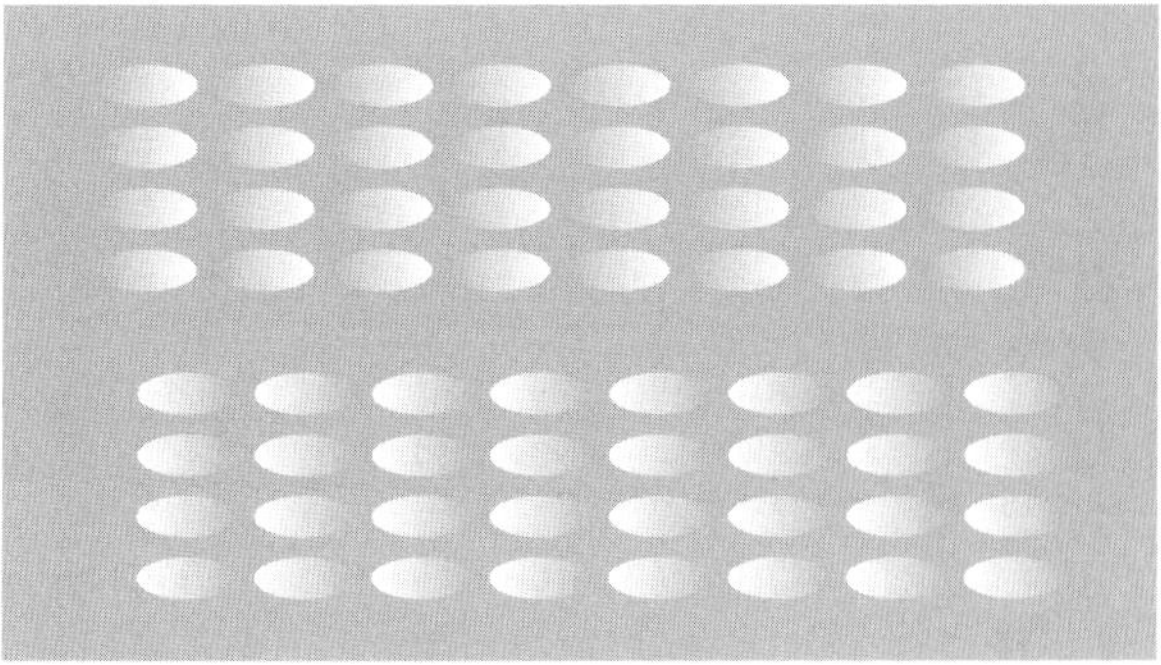

図2-27　中心ドリフト錯視。上の4列は右に、下の4列は左にゆっくり動いて見える。

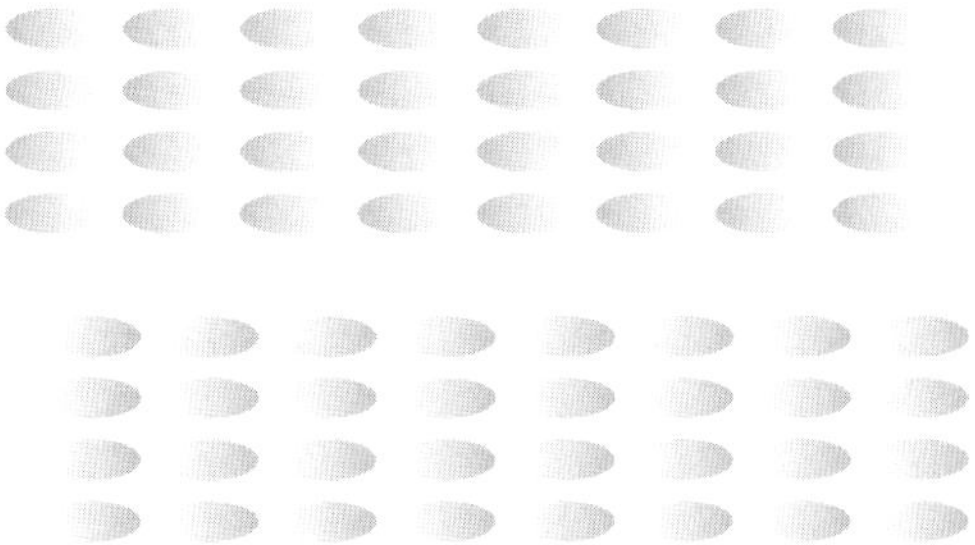

図2-28　中心ドリフト錯視。図2-27の背景を白に変えたもの。上の4列は左に、下の4列は右にゆっくり動いて見える。つまり、動きの方向が反転する。

私の調べた限りでは、図2‐27（背景は薄い灰色で、動く図形は薄い灰色から白へのグラデーション）は最大の錯視量を与える図形であるが、ほかの条件でも中心ドリフト錯視を見ることができる。たとえば、図2‐27の背景の薄い灰色を白に置き換えると、図2‐28となる。こうすると、動きの方向が反転する。この反転は、中心ドリフト錯視が低コントラスト領域から高コントラスト領域の方向に動いて見える錯視だと考える根拠になっている。

図2‐29と図2‐30には、平均の明るさが灰色程度のものと、黒に近いものを示した。どう作成しても、この錯視はパターンの低コントラスト領域から高コントラスト領域の方向に動いて見えることは変わらない。ただし、グラデーションは暗から明の方向に動くように作成した方（図2‐27、図2‐29(a)、図2‐30(a)）が逆の場合（図2‐28、図2‐29(b)、図2‐30(b)）に比べて錯視量が多いようである。

中心ドリフト錯視で遊ぶ

さて、中心ドリフト錯視をつくって楽しむにはどうすればよいかというと、楕円を描いてグラデーションを付け、背景をグラデーションの最も明るい部分か最も暗い部分と同じ明るさにすればよい。楕円の長軸方向に沿ってグラデーションを付けるというテクニックを使うと、錯視量は多くなる。そのほかに、進行方向の頭は丸い方がよいが、お

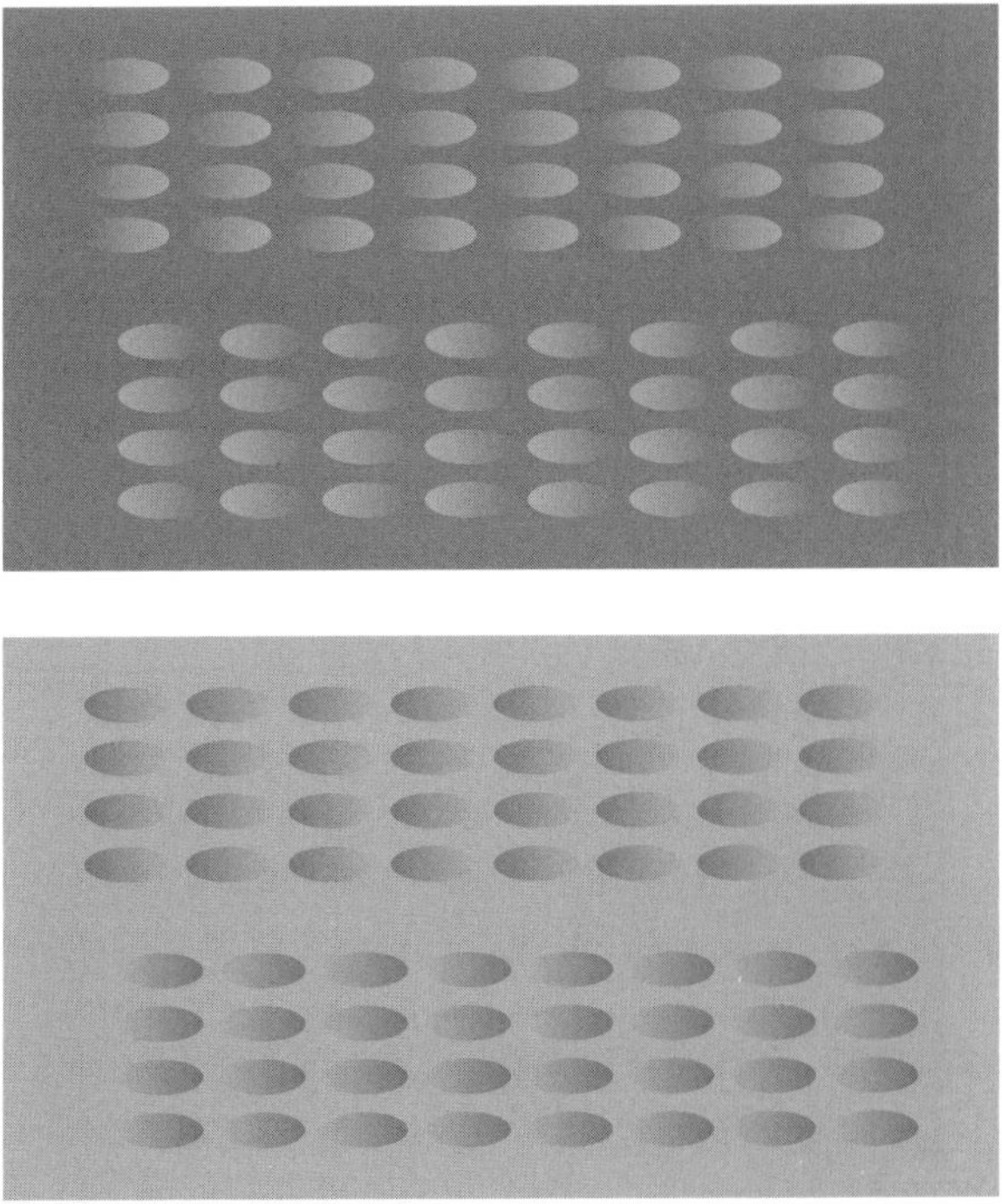

(a)　(b)

図2-29　中心ドリフト錯視。やや濃い灰色とやや薄い灰色で構成したバージョン。(a) 上の4列は右に、下の4列は左にゆっくり動いて見える。(b) 上の4列は左に、下の4列は右にゆっくり動いて見える。

(a)
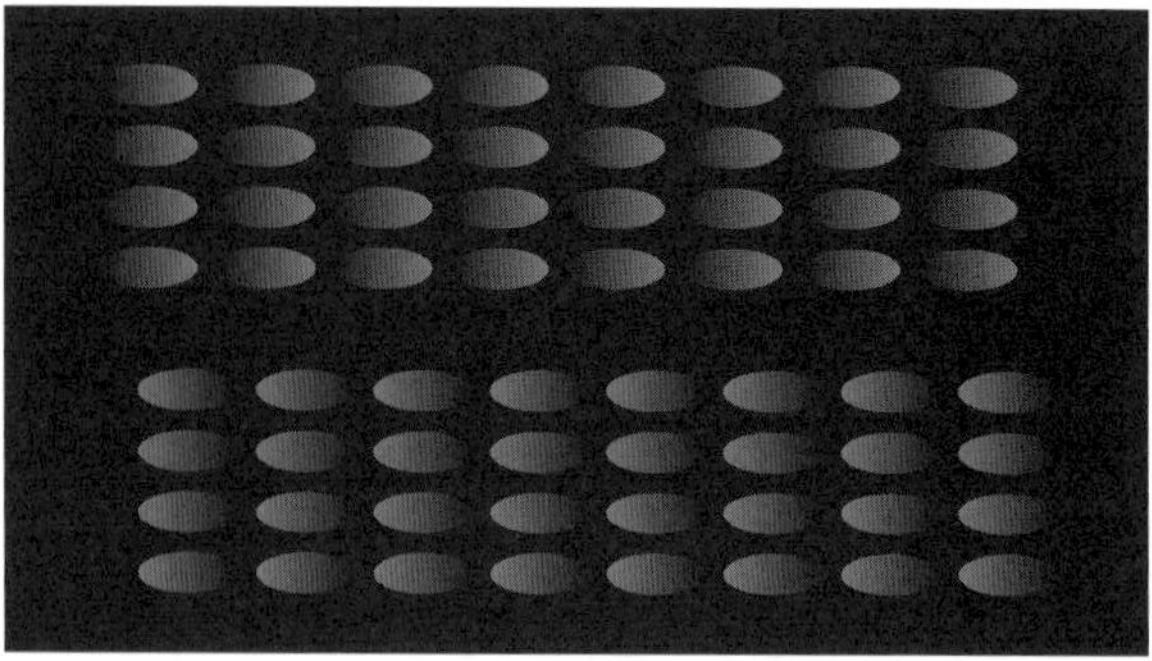

(b)
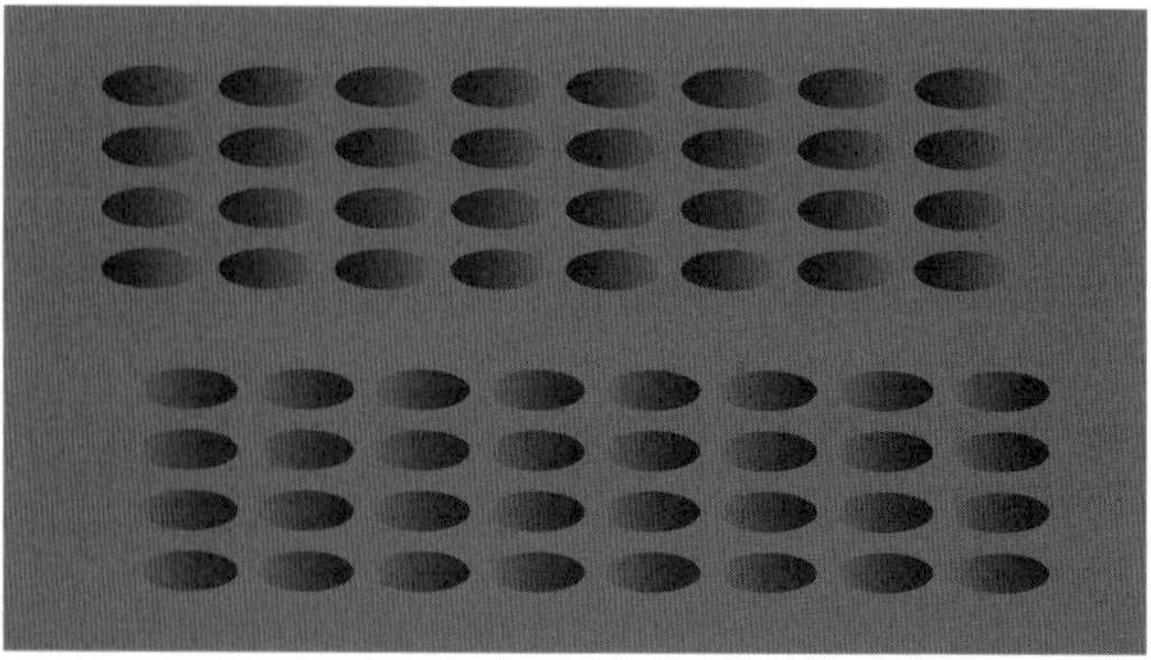

図 2 - 30　**中心ドリフト錯視。**黒と濃い灰色で構成したバージョン。(a) 上の 4 列は右に、下の 4 列は左にゆっくり動いて見える。(b) 上の 4 列は左に、下の 4 列は右にゆっくり動いて見える。ただし、逆方向への錯視が周辺視で起こることがある（フレーザー・ウィルコックス錯視？）。

図２-31　筆者作「ボート」。中心ドリフト錯視の作品である。リングが時計回りにゆっくり回転して見える。

尻側は角ばっていてもよい（図2-31）。

中心ドリフト錯視は「蛇の回転」錯視に比べると錯視的動きの速度は遅く、のんびりした感じの錯視である。そのため、作品のテーマとしては、自然の風景を選ぶと効果的だ。

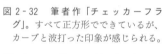

五　「コメの波」――波の錯視

図2-32　筆者作「チェッカーフラグ」。すべて正方形でできているが、カーブと波打った印象が感じられる。

動く錯視がいろいろ知られるようになってくると、並進運動（オオウチ錯視図などのように図形の一部が塊のように一方向に動いて見えること）、回転運動、拡大・縮小運動以外の錯視表現も知られるようになった。[*11] その一つが、波打って見える錯視（波の錯視）である。

波の錯視は、最初は幾何学的錯視であり、波のような感じに立体的に波打って見える図形であった。図2-32に、市松

図2－33　Y接合部の錯視による波の錯視。背景の市松模様は正方形でできているが、カーブと波打った印象（立体感と動きの両方）が感じられる。

模様錯視による波の錯視を示す。[*12]この図形においても、実は動く錯視は認められるが、発見当初（一九九七年）は立体的印象のみに私は注目していた。

数年後（二〇〇〇年）、Y接合部の錯視を用いて波の錯視を作成したとき（図2－33）、私はこの図に動く錯視も含まれていることに気づいた。これは画期的な発見だったのだが、当時私はこの錯視を正しく評価できなかった。傾き錯視には多かれ少なかれ動く錯視が同居しているので、今では驚くべきことでもなくなってしまったが。

さらに、二〇〇四年になって、

図2-34　筆者作「コメの波」。「蛇の回転」錯視による波の錯視である。何もしなくても波打って見える（立体感と動きの両方の意味で）。

「蛇の回転」錯視を用いて波の錯視をつくることができることを、私は発見した。図2-34に示したように、錯視を起こすパーツの向きを順番に変えて並べていくことでできる。

ちょっと慣れれば、つくって楽しむのは意外と簡単なので、波の錯視にもトライしてはいかがだろうか。

第3章

同じ明るさなのに……明るさの錯視

明るさの錯視（brightness illusion あるいは lightness illusion）というものがある。同じ明るさの刺激なのに、一方がより明るく、一方がより暗く見える現象のことである。一方がより白く、一方がより黒く見える、という表現をする場合もある。

本書では、輝度（luminance）、知覚された輝度（brightness）および知覚された表面反射率（lightness）の三つの概念を表現上は区別せず、「明るさ」ということばで示す。しかし、明るさの知覚の研究をする場合には、これらの区別は必須である。

一　「コンクリートの柱」――明るさの対比と同化

最古の文献はわからないが、昔から知られている明るさの錯視として、明るさの対比（brightness contrast）がある。ある領域が、それよりも暗い領域に囲まれると、より明るく見え、それよりも明るい領域に囲まれると、より暗く見える現象である（図3－1）。明るさの対比は錯視量が少ないためか、錯視ということばを接尾語にしてよばれることはなく、対比という心理学用語で表現される。対比（contrast）とは、ある誘導刺激の特性とは反対の方向に、被誘導刺激の見かけの特性が変化することである。なお、対比の反対の概念（変化の方向が同じ現象）は、同化（assimilation）である。

明るさの対比とは質的に反対の現象があり、明るさの同化とよばれる。ある面の上に

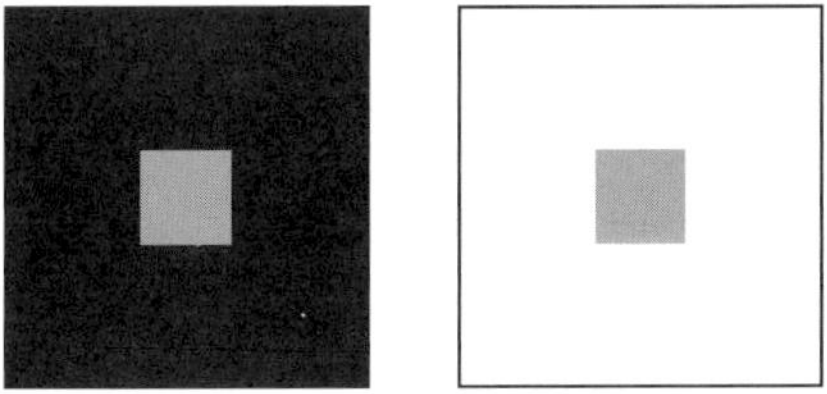

図3-1　明るさの対比。 黒い正方形に囲まれた左の灰色の正方形はやや明るく見え、白い正方形に囲まれた右の灰色の正方形はやや暗く見える。灰色の正方形の明るさは左右とも同じである。

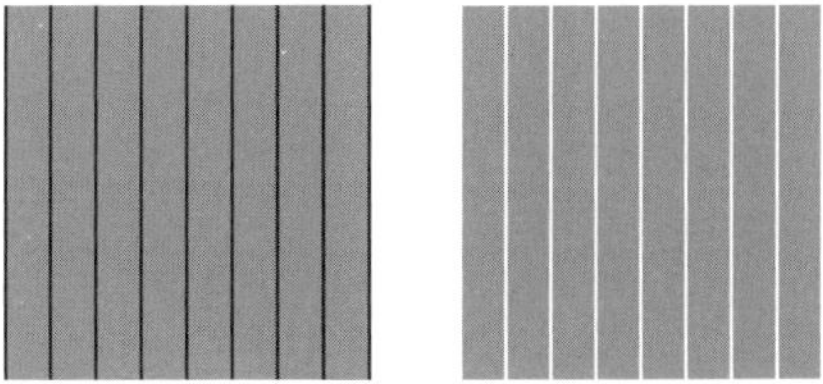

図3-2　明るさの同化。 黒色の細線の描かれた左の灰色の正方形はやや暗く見え、白色の細線の描かれた右の灰色の正方形はやや明るく見える。灰色の正方形の明るさは左右とも同じである。

暗い細線を引くと、その面はより暗く見え、明るい細線を引くと、その面はより明るく見える現象である（図3-2）。

明るさの同化は、性質としては明るさの対比の反対であるが、錯視の絶対量が多い現象であり、明るさの対比とは雰囲気が異なる。このため、明るさの同化は「錯視」とよばれるのにふさわしいと思う。

明るさの対比の図形をつくって楽しむには、明るさの対比の錯視量が少ないの

図3－3　**明るさの対比の増強。**被誘導領域が灰色で、誘導領域が黒、濃い灰色、薄い灰色、白というように明るさに勾配を付けて並べると、明るさの対比の錯視量が増すように見える。

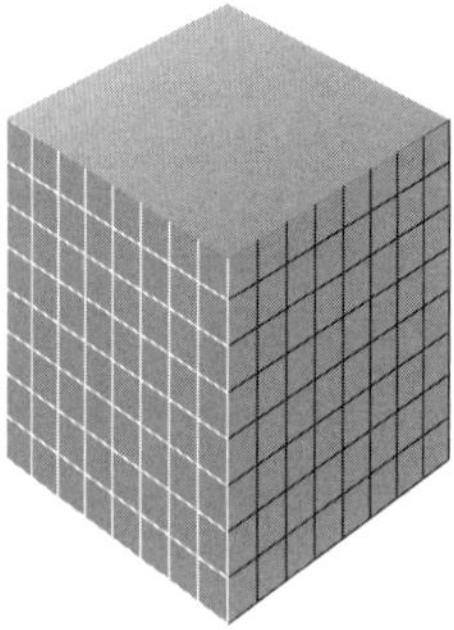

図3－4　**筆者作「コンクリートの柱」。**明るさの同化の応用図形である。左手前面は明るく見え、右手前面は暗く見えるが、その灰色は同じ明るさである。

で、工夫が必要である。たとえば、図3－3のように、明るさの異なる誘導領域を複数用意すると錯視量が増すように見える。[*1] いろいろな技法をいろいろ試してみていただきたい。

　一方、明るさの同化の図形をつくって楽しむことは、明るさの同化の錯視量が多いので、比較的簡単である。たとえば、図3－4では、柱の二面は同じ明るさなのに、片方がより明るく見える。明るさの同化の作品をつくるコツは、錯視で明るさの変化を付けたい面に、細い白線あるいは黒線をまばらに乗せることである。

二　「森」と「太陽」――境界が重要な明るさの錯視

明るさの対比の説明として、明るさの異なる領域の境界に応答するニューロン群の側抑制（明と暗が接していると明はより明に、暗はより暗に強調する方向に働く神経応答）の結果として境界に明るさの錯視が発生し、それが領域全体に拡散するという説明が好まれる。その説明によく合う錯視として、シュブルール錯視が知られている。[*2]

シュブルール錯視（Chevreul illusion）とは、黒、濃い灰色、灰色、薄い灰色、白というように、明るさの違う面を階段状に並べると、その境界の近くに錯視的な明るさが誘導される現象である。相手方がより暗ければより明るい明るさが、相手方がより明るければより暗い明るさが誘導される（図３-５）。

シュブルール錯視の図は、しばしば「マッハの帯」とよばれるが、それは別のものである。マッハの帯（Mach band）とは、連続した直線状の明るさ変化で暗い領域と明るい領域がつながっている場合、暗い領域と変化部分の接するところがより暗く見え、明るい領域と変化部分の接するところがより明るく見える錯視である（図３-６）。

図3－5　シュブルール錯視。この図では、ある灰色長方形の左端付近はやや明るく見え、右端付近はやや暗く見える錯視のことである。レーザープリンタやコピー機による印刷では実際に物理的にそうなってしまうこともある。

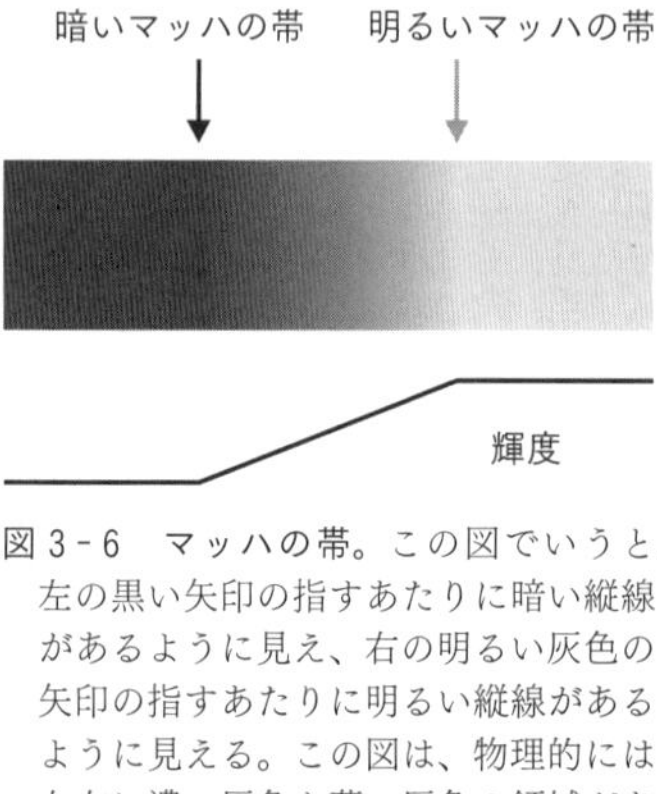

図3－6　マッハの帯。この図でいうと、左の黒い矢印の指すあたりに暗い縦線があるように見え、右の明るい灰色の矢印の指すあたりに明るい縦線があるように見える。この図は、物理的には左右に濃い灰色と薄い灰色の領域があり、その間を単調な明るさ勾配で結んだだけのものである。

シュブルール錯視やマッハの帯では、境界部分に錯視的な明るさが誘導されるという点が面白いのだが、逆転の発想で、境界部分にわざと明るさ変化を付けたらどうなるか、という問いの答えが、クレイク・オブライエン・コーンスイート効果（Craik-O'Brien-Cornsweet effect）である[*3]（図3－7）。境界部分を少し明るくすると、その境界に囲まれた領域は明るく見え、境界部分を少し暗くすると、その境界に囲まれた領域は暗く見える。明るさの同化に性質が似ている。

図３-７　クレイク・オブライエン・コーンスイート効果。この図では、左から濃い灰色の領域、薄い灰色の領域、濃い灰色の領域…と交互に並んでいるように見えるが、同じ灰色である。物理的には、領域の境界部分に少しだけ明るさの変化が付いている。明るく見える領域の両端は少しだけ明るく、暗く見える領域の両端は少しだけ暗くしてある。

これらの錯視のうち、クレイク・オブライエン・コーンスイート効果を使った図をつくることはかなりたいへんなのであまりお薦めしないが、シュブルール錯視とマッハの帯はドローソフトで簡単につくれる。前者は明るさの違う領域を並べるだけだし、後者は明るさの違う二つの領域をグラデーションでつなぐだけである。それぞれの作品例を図３-８と図３-９に示した。

図3-8　筆者作「森」。この図では、霧か霞のようなものが一つひとつの「山」あるいは「木」の下部にかかっているように見える。これはシュブルール錯視である。

図3-9　筆者作「太陽」。この図では、太陽の一番外側の狭い範囲に内部よりも少しだけ明るいリングが見える。これは錯視であり、マッハの帯である。

三　周りの明るさの影響――T接合部が重要な明るさの錯視

明るさの対比と同化以外の、古くから知られる明るさの錯視に、ベナリ図形（Benary's figure）がある。図3‐10では、左上の三角形と右下の三角形は大きさも形も明るさも同じで、黒と白に接している長さも同じであるが、左上の三角形が少し暗く見える。

その説明として、「左上の三角形は黒い十字に一部を隠されているだけで、より明るい領域に囲まれていると考えられるから、明るさ対比で暗く見える」という説明が好まれる。一方、右下の三角形は、「十字形の窓から黒背景の上の灰色の三角形の一部が見えるとみなすことができ、より暗い領域に囲まれているから明るく見える」と説明される。

図3‐10　ベナリ図形。左上の三角形と右下の三角形は大きさも形も明るさも同じで、黒と白に接している長さも同じだが、左上の三角形の方が少し暗く見える。

ベナリ図形と同じくらい古い明るさの錯視に、コフカの環（Koffka ring）がある。図3‐11が示すように、ドーナツ型がつながっていると明るさの錯視があまり起こらないが（左）、切れていると強く起こる（右）、というものである。

コフカの環の説明の一つとして、領域の分節の

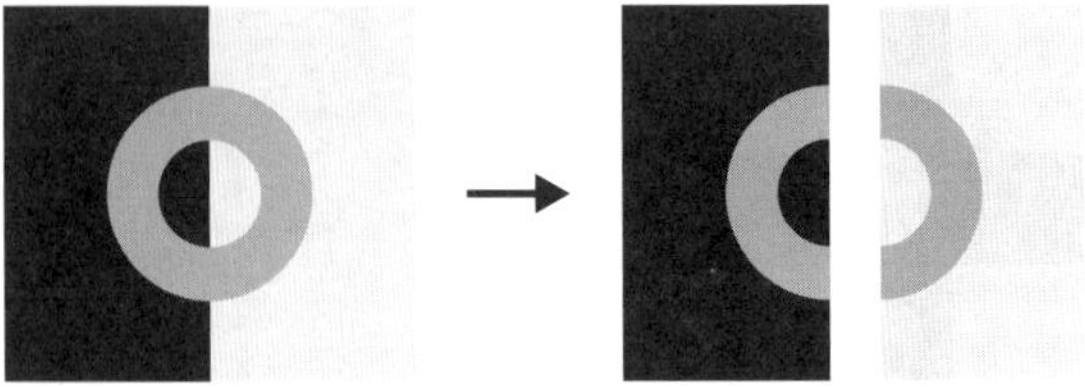

図3-11　コフカの環。ドーナツの灰色は一様の明るさに見える（左図）が、領域を切断すると明るさが違って見える（右図）。右図では、ドーナツの右側半分の方が暗く見える。

違い（連続しているか、不連続であるか）を考察することが多いが、錯視が起こる側のコフカの環とベナリ図形との共通点は、T接合部（T-junction）をもつということである。T接合部とは、三つの違った明るさの領域がTの字状に接している部分である。ベナリ図形でいうと、三角形の45度の角の頂点の部分である。

このT接合部が重要な役割を果たすと考えられている明るさの錯視で、比較的新しく、錯視量も多い現象が、ホワイト効果（White's effect）である。[*4] ちなみに、「ホワイト」は研究者の名前である。図3-12に示したように、白と黒の縞模様の黒部分の上に灰色の縞模様を置くとその灰色は明るく見え、白部分の上に灰色の縞模様を置くとその灰色は暗く見える。この錯視にはT接合部が重要であるとする（コフカの環の説明と同様の説明の）研究が多い（反対意見もある）。

これらの錯視の応用図形を楽しむことは比較的簡単であ

図3-12　**ホワイト効果。**左の灰色の格子が右の灰色の格子よりも明るく見えるが、物理的には同じ灰色である。

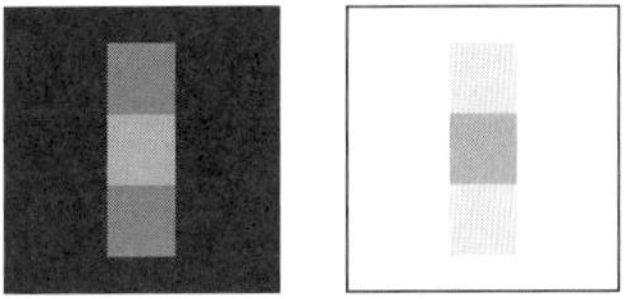

図3-13　**強化型明るさ対比。**中心の灰色の正方形は、左右とも同じ明るさだが、左の方がより明るく、右の方がより暗く見える。図3-1の明るさ対比の被誘導領域の上下に、左にはより暗い正方形を、右にはより明るい正方形を付けただけである。

る。T接合部を意図的につくればよいからだ。Tの字の縦棒の左側が被誘導領域（錯視を起こさせたい領域）とすると、縦棒の右側の領域の明るさと対比となるように、見えの明るさが変化することが多い。図3-13は、明るさ対比（図3-1）の被誘導領域の上下に別の正方形を付けることでT接合部を設けた図形であり、これによって明るさの錯視の強さが増すと考えられる。

ここで、錯視のプレゼンテーションのやり方の一つを紹介しよう。錯視はその物理的

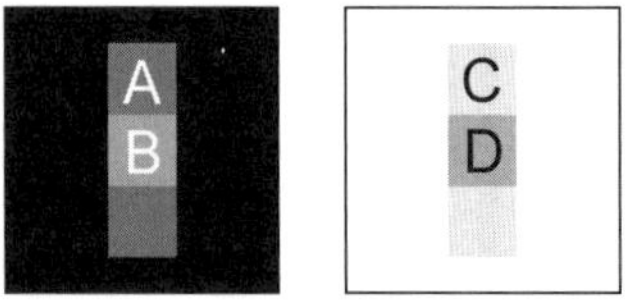

図 3 - 14　強化型明るさ対比のプレゼンテーションのやり方の一つ。ABCD のうち、同じ明るさのものはどれでしょう、と尋ねる。「A と D は同じ、B と C は同じ」と答えてくれたら、「残念でした。B と D が同じです」と「種明し」をする要領である。

実際に関する知識がなければただの知覚なので、聞き手に知識を与えなければならない。しかし、聞き手も普通は暇人ではないので、面白くない話だと思われてしまうと、続けて聞いてもらえなくなるから、プレゼンテーションには気を遣う必要がある。図3 - 14には、錯視の「誘導尋問」法を示した。見え方と物理的実際をいっぺんに説明する標準的やり方ではなく、聞き手の見え方を尋ね、「実はそれは物理的実際とは違う」と種明しして驚かせる方法である。錯視で驚いてもとくに不快ではないので、聞き手の多くは興味をもってくれるであろう。

ホワイト効果については錯視量が多いので、そのまま応用して、いろいろな「作品」ができる。比較的応用範囲の広そうなやり方を、図3 - 15に示した。

図3-15　ホワイト効果の応用例。上下の「錯視」という文字は同じ明るさだが、上が下よりも暗く見える。黒い鉄格子の向こうの明るい部屋に文字やモノを置くと暗く見え、白い鉄格子の向こうの暗い部屋に文字やモノを置くと明るく見える、といった要領である。なお、格子は等間隔がよい。

四 「帽子」――ログヴィネンコの錯視とエーデルソンの錯視群

明るさの錯視の中でもとりわけ錯視量が多くて、錯視であるとはにわかに信じられないものの一つに、ログヴィネンコの錯視（Logvinenko illusion）がある。[*5] 図3－16のようなもので、水平に並べられた菱形の列が5列あり、物理的には同じ明るさだが、上から明・暗・明・暗・明に見えるというものである。錯視量があまりにも大きく、物理的に明るさが等しいということを確認するのもたいへんなほどである

実は、ログヴィネンコの錯視はエーデルソンの錯視群の一つを改変したものである。オリジナルのエーデルソンの錯視[*6]（Adelson's illusion）を図3－17に示した。誘導縞の輝度の変化がなめらかであるか（ログヴィネンコの錯視）、急であるか（エーデルソンの錯視）の違いである。

これらの錯視の原理は、明るさ変調として透明面の知覚あるいは影の知覚が成立したときに起こるとされている。これをどういうことか図3－18で説明すると、一番上は標準的な明るさ対比図形であり、これらの背景を二番目のようにグラデーションでつなぐと、明るさの錯視が増すことが知られている。[*7] これだけでも背景の黒と白は表面の明るさではなく、照明の明るさのように見える。ここで、三番目のようにグラデーションを

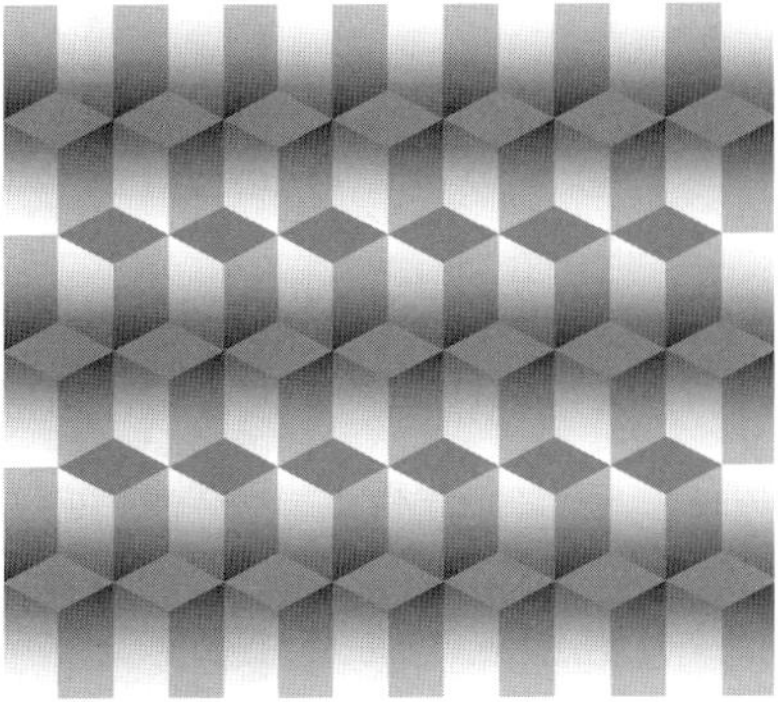

図3-16　**ログヴィネンコの錯視。**菱形には薄い灰色のもの3列と濃い灰色のものが2列あるように見えるが、物理的には同じ明るさである。ブロックの壁錯視（wall-of-blocks illusion）ともいう。

図3-17　**エーデルソンの錯視。**菱形には薄い灰色のもの3列と濃い灰色のものが2列あるように見えるが、同じ明るさである。

明暗二つに分けて透明感を与えると、背景は上下の反射率の違う面に右から光を当てたように見える。この条件では、明るさの錯視はさらに強化される。ログヴィネンコの錯視とエーデルソンの錯視はこの条件に合っている。

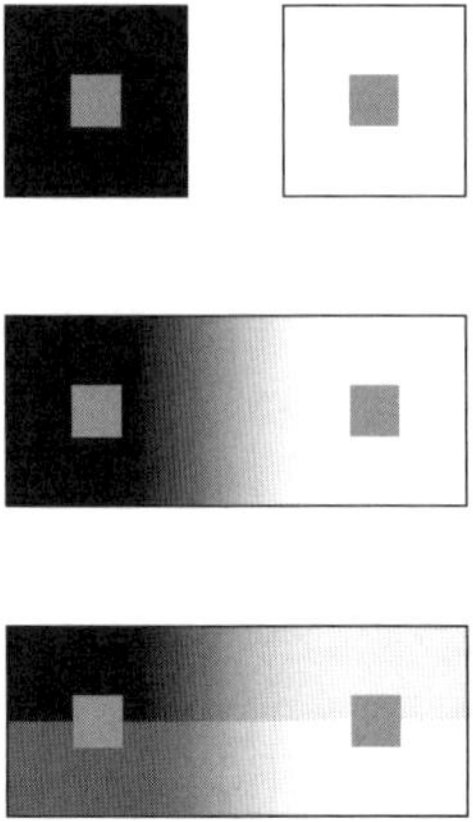

図3-18　明るさの対比の増強。左右の正方形はどの列でも同じ明るさだが、下に行くほどそれらの見かけの明るさの差が大きくなる。

エーデルソンはこの種の強烈な明るさ錯視図形を多数考案している。図3-19はその一例で、スネーク錯視という[*8]。そのほか、チェッカー・シャドー錯視も有名である。こちらは基本図形というよりは作品なので、インターネットでご覧いただきたい（http://persci.mit.edu/gallery/checkershadow）。

私の作品例を、図3-20に示しておく。市松模様の図柄の表面があって、そこに一方向から光が当たり、見かけはグラデーションになっていると考えれば、つくることは難しくないはずなので、チャレンジしていただきたい。ドローソフトで正方形を描いて、グラデーションを付けるだけである。グラデーションはどう付ければよいかについては、

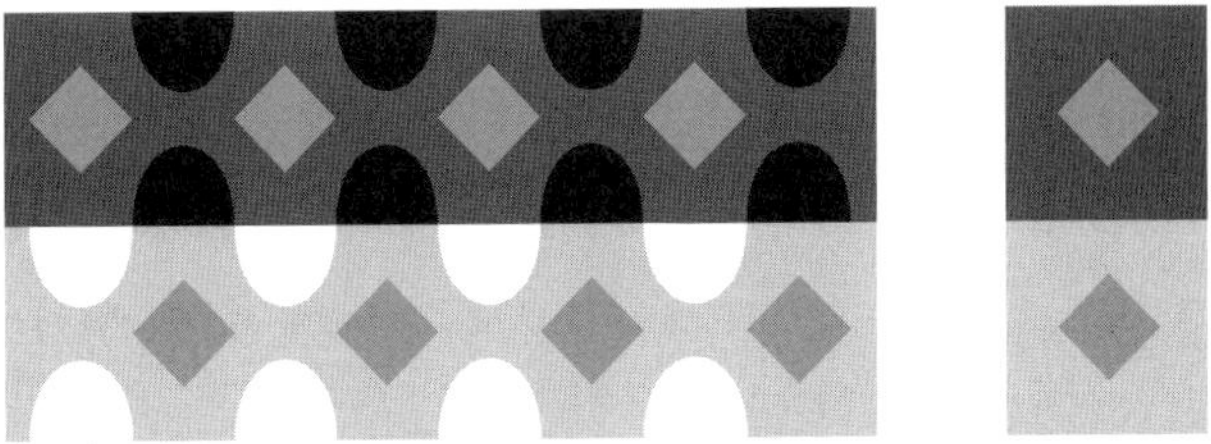

図3-19　スネーク錯視。左の図では、上の列には明るいダイヤモンド形が並び、下の列には暗いダイヤモンド形が並んでいるように見えるが、同じ明るさである。単なる明るさ対比で説明できるなら、右の図でも同じ程度の錯視量があるはずだが、左の図に比べると錯視量ははるかに少ない。

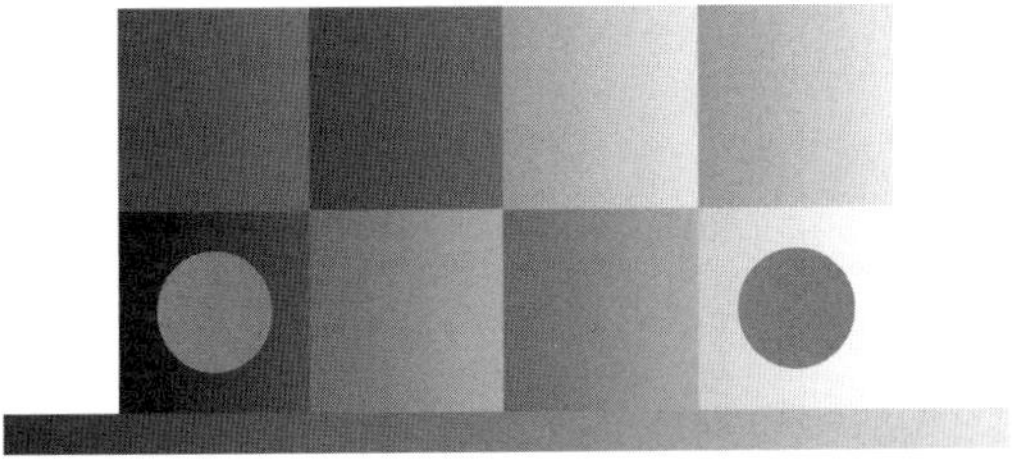

図3-20　筆者作「帽子」。左の円は右の円よりも明るく見えるが、物理的には同じ明るさである。

数値を事細かに指示してもよいが、自分でいじっていろいろやった方が楽しいはずなので、ここでは割愛する。どうしても数値を知りたいという人は、図３－21の説明を参照されたい。

五　「二人の女性」――輝度勾配依存の明るさ錯視

さきほどの図（図３－20「帽子」）で述べなかった重要なことがある。正方形のいくつかは、実は同じグラデーションでできているということである。この図は、見かけとしては市松模様のような感じで、はす向いがだいたい同じ明るさのように見える。これは心理学的には意味のある見え方で、専門用語では表面色（surface color）という。表面色は物体表面の反射率が知覚されたものである。

表面色も生物学的・心理学的には「正しい」知覚である。しかし、観察者にとっては、「物理的」に同じ正方形はどれとどれであるかと尋ねられた瞬間から、この図形は錯視図形に変貌するのである。

「帽子」は、図３－21に示したように、三つのペアが同じ物理的グラデーションで描かれている。そのように聞いても、この意味での物理的実在と同じ性質に見えることはない。脳は与えられた手がかりから、表面反射率という物理的実在を計算して、その知

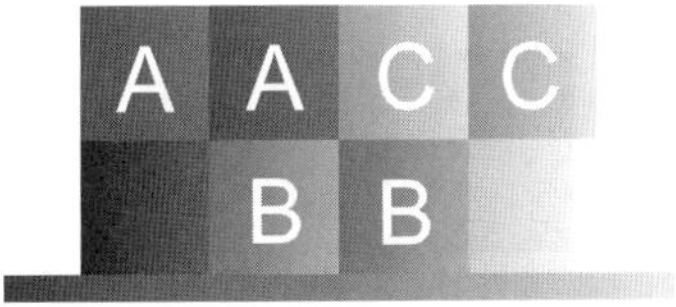

図3-21　筆者作「帽子」の分析。 この図では、グラデーションA、B、Cはそれぞれ二つずつあるが、左のものが右のものより明るく見える。256階調（0が黒、255が白）でグラデーションの左右端の数値を示すと、Aは51から102、Bは102から178、Cは153から229である。

図3-22　グラデーションによる明るさ対比。 左の正方形が右の正方形よりも明るく見えるが、同じ明るさである。

覚に固執するのである。グラデーションは照明による光の強さの勾配（変化）という計算結果になりやすい。

この「文法」さえ理解できれば、明るさの錯視をいろいろな場面でつくり出せて、楽しいものである。まず、シンプルではあるが強力な明るさ対比の例を紹介しよう。図3-22には二つ正方形があるが、左の正方形の明るさが右のものよりも明るく見える。もちろんこれは錯視で、二つの正方形の物理的明るさは等しい。

ただし、正方形の内部は一様ではない。左側が暗く、右側が明るいグラデーションがかかっている。そのグラデーションすなわち物理的な明るさの勾配にもかかわらず正方形の内部が一様

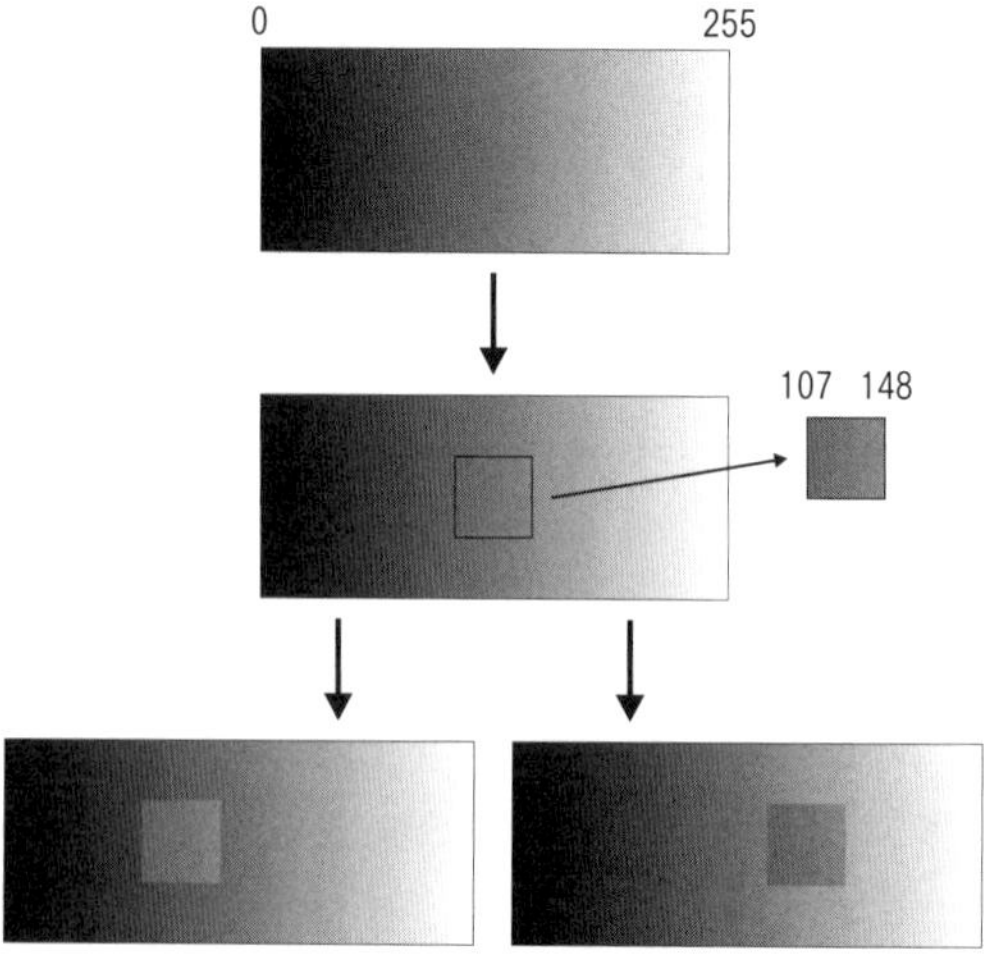

図3-23　グラデーションによる明るさ対比の図形のつくり方。説明は本文を参照されたい。

に見える傾向にあるということは、対象が自然場面のものならば、正しく表面知覚ができているということを示す。表面の色・明るさ・テクスチャー自体にグラデーションのかかった自然物というものはあまりないからである。

では「グラデーションによる明るさ対比」の図形のつくり方を伝授しよう。まずはグラデーションを用意する。図3-23では、左から黒（階調0）から白（階調255）のグラデーションである。そのグラデーションの中ほどに、何か小さな図形を挿入する。この図では正方形である。そのとき、そ

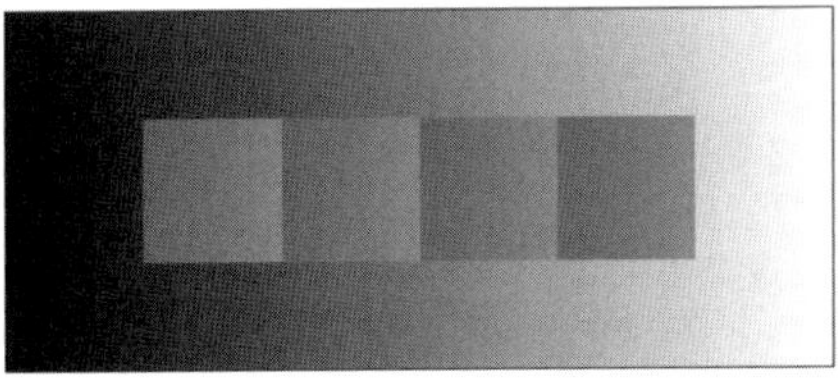

図3-24　グラデーションによる明るさ対比の基本図形に少し工作をしたもの。四つの正方形は違う明るさに見えるが、物理的にはすべて同じ明るさである。

の正方形の中にもグラデーションを付け、背景のグラデーションと区別がつかないように描く。この図では、階調107から148とすることで、背景のグラデーションと一体化させている。この正方形を左に動かすと明るく見え、右に動かすと暗く見えるのである。実に簡単である。

グラデーションによる明るさ対比で遊んでみよう。まずは、正方形を四つ、くっつけて並べてみよう（図3-24）。そうすると、左端の正方形が一番明るく見え、右に行くに従って暗く見える。つくるのは実に簡単なのに、錯視量は多くて楽しい。

なお、明るさの錯視を起こす図形は正方形である必要はない。好きな形を使って、明るさの錯視ができる。図3-25と図3-26に、私の制作例を示した。もし、読者のみなさんの中に、形をつくる（ポリゴンやベジェ曲線を操作する）ことが不得意な方がいらっしゃるなら、クリップアートを利用することを奨める。クリップアートは、ドローソフトにオマケで付いていることが多い。

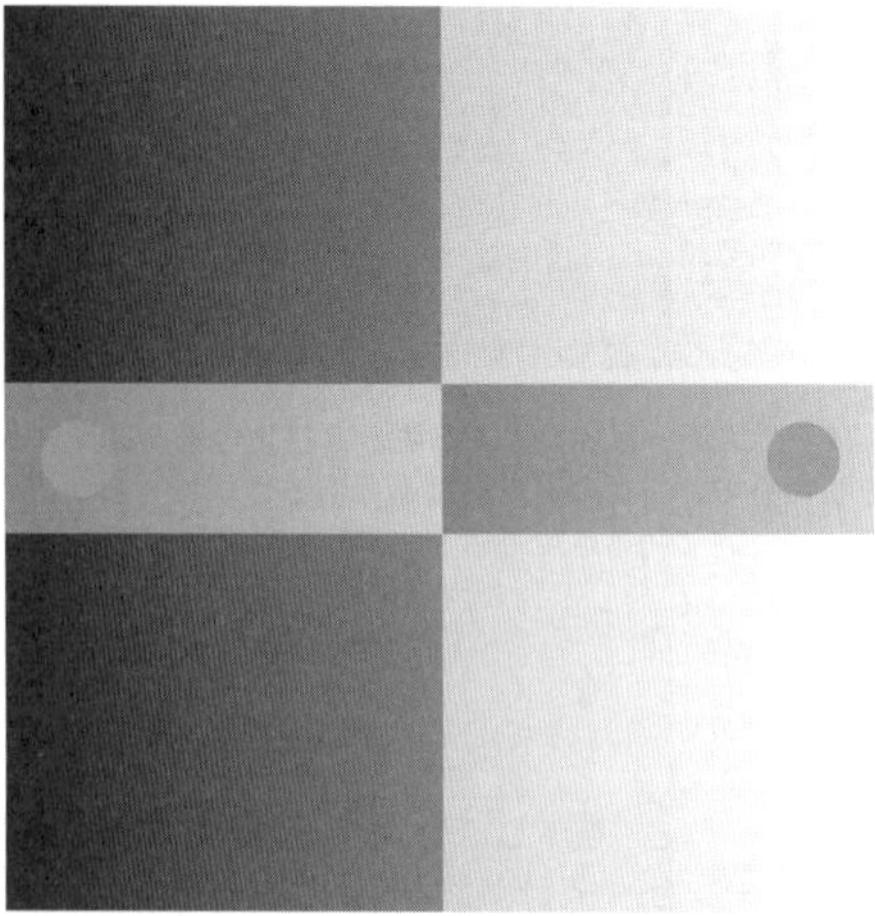

図３－25　筆者作「忍者」。左右の目の物理的明るさは同じであるが、向かって左の方が明るく見える。

図３－26　筆者作「二人の女性」。左の横顔が右の横顔よりも暗く見えるが、物理的には同じ明るさである。

六　黒い霧と白い霧――透明視依存の図地分化による明るさの錯視

まずは、図3-27をご覧いただきたい。左上の図は、灰色・白・灰色のそれぞれ横長の長方形の面の上に、黒い霧のようなものが縦三本あるように見える。左下の図は、灰色・黒・灰色のそれぞれ横長の長方形の面の上に、白い霧のようなものが縦二本（両端を含めると四本）あるように見える。しかし、これらを右の図のように水平に分割してみると、中間の長方形は物理的には白黒の縞模様であり、上の図と下の図で同じであることがわかる。決して、それぞれが白い長方形と黒い長方形だったわけではない。

この明るさの知覚は、透明視（perceptual transparency）による図地分化（figure-ground segregation）に原因がある。白から黒へのサイン波変調輝度縞模様が与えられたとき、図と地の分化の選択肢は二つであり、①白い部分が白い霧として見え、黒い部分が地として見える場合と、②黒い部分が黒い霧として見え、白い部分が地として見える場合である。上下に付ける縞模様によって透明視の発生の仕方が変わり、①となるか②となるかは条件次第である。この種の透明視についてはあまり知られておらず、視覚的補完現象などに関する私の文献等を参照されたい。[*9]

なお、図3-27は上下に付ける縞模様の輝度の位相が同じ（同相型）（明暗明暗…なら

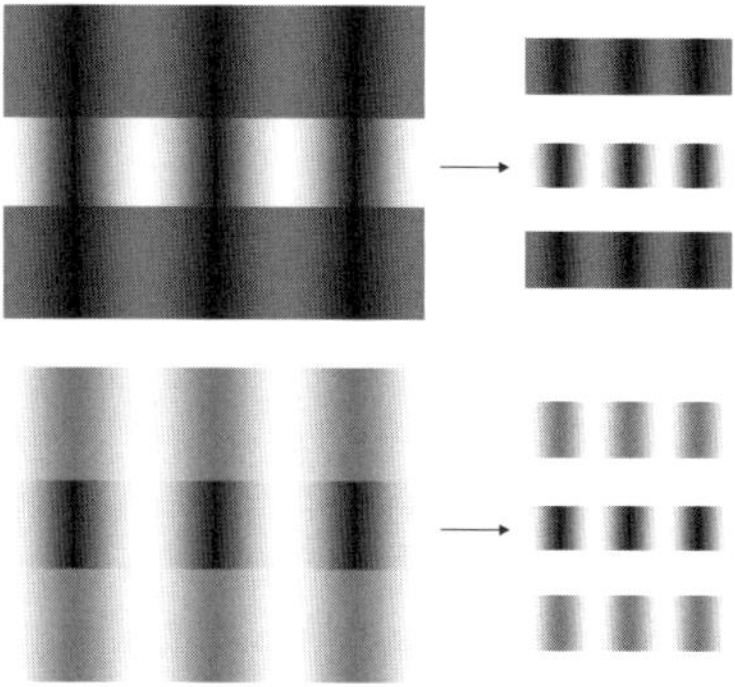

図 3 - 27　透明視依存の図地分化による明るさの錯視（同相型）。上の図も下の図も、中の横長の長方形は同じ白と黒の縞模様でできているが、上の図では白い長方形に、下の図では黒い長方形に見える。

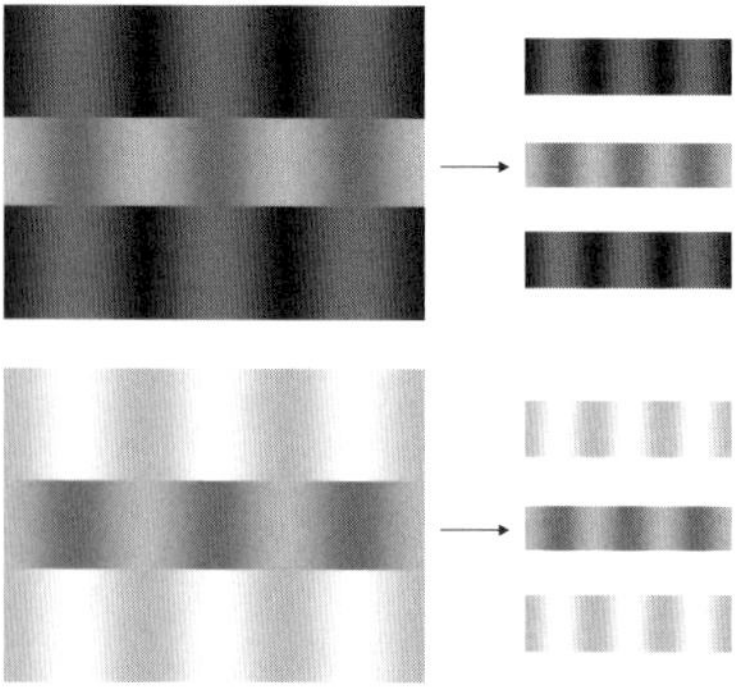

図 3 - 28　透明視依存の図地反転による明るさの錯視（逆相型）。上の図も下の図も、中の横長の長方形は同じ薄い灰色と濃い灰色の縞模様でできているが、上の図では薄い灰色の長方形に、下の図では濃い灰色の長方形に見える。

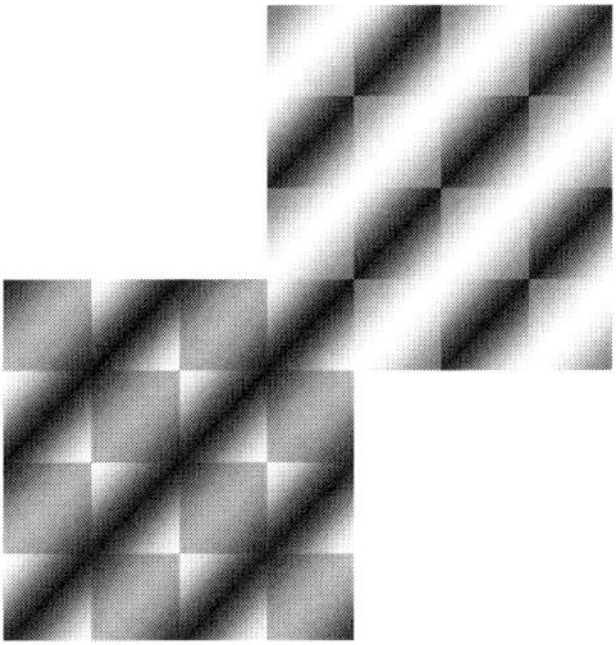

図3-29　筆者作「霧のチェス盤」。左下のチェス盤は白と灰色の市松模様の上に黒い霧が斜めにかかっているように見え、右上のチェス盤は黒と灰色の市松模様の上に白い霧が斜めにかかっているように見える。これら二つのチェス盤のどちらが上に見えるかは一定ではなく、時どき反転して見える。

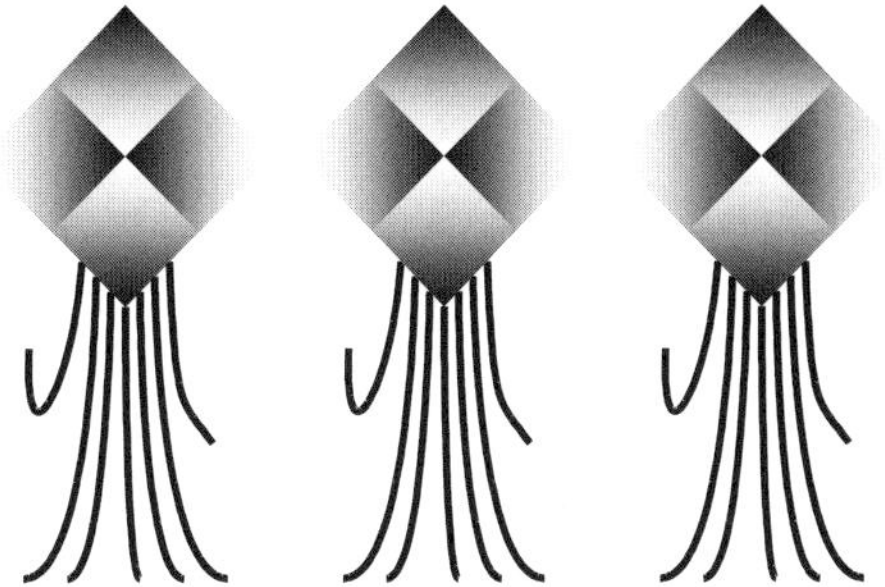

図3-30　筆者作「火星人」。「火星人の顔」を構成する四つの菱形のうち二つは白で二つは黒のように見えるが、方向が90度ずつ違うだけで四つとも同じ白から黒へのグラデーションである。

明暗明暗…）であったが、逆相型（明暗明暗…なら暗明暗明…）でも透明視は発生する条件がある。それを利用した例を、図３‐28に示した。

透明視依存の図地分化による明るさの錯視の制作例として、図３‐29と図３‐30を示しておこう。グラデーションの使い方に慣れれば、制作中の作品がどういう仕上がりになりそうか、ある程度予測できるようになる。

七　「神経細胞の発火」――ヘルマン格子錯視ときらめき格子錯視

黒地の上に白くて細い縦横の格子を描くと、格子の交点が暗く見える。これをヘルマン格子錯視（Hermann grid illusion）という（図３‐31）。英語風に、ハーマン格子錯視ともよばれる。その逆に、白地の上に黒くて細い縦横の格子を描くと、格子の交点が明るく見える。これをヘリング格子錯視（Hering grid illusion）という（図３‐32）。いずれも視野中心では錯視量が少なく、見つめていない部分で錯視がよく観察できる。

ヘルマン格子錯視もヘリング格子錯視も正方形は塗りつぶされているが、線画でも同様な現象が見られる（図３‐33）。こちらは、あまり研究論文がないようで、錯視の名称も定かでない。

二〇世紀末に、ヘルマン格子錯視と共通した性質をもちながら、独特のインパクトの

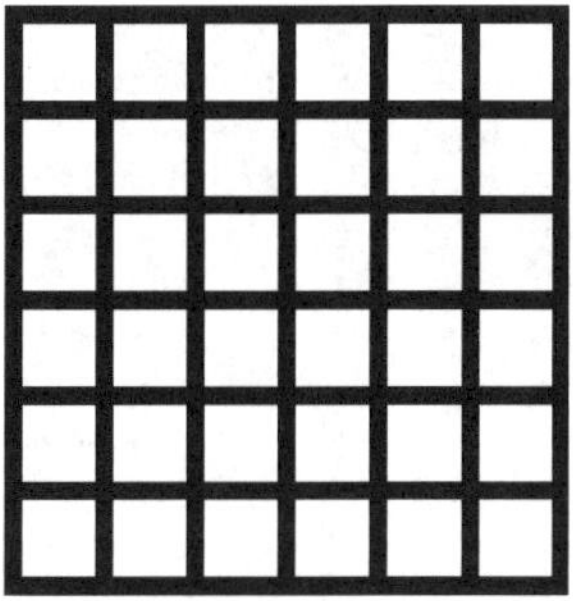

図3-32　ヘリング格子錯視。黒筋の交点に、何か明るいものが見える。

図3-31　ヘルマン格子錯視。白筋の交点に、何か暗いものが見える。

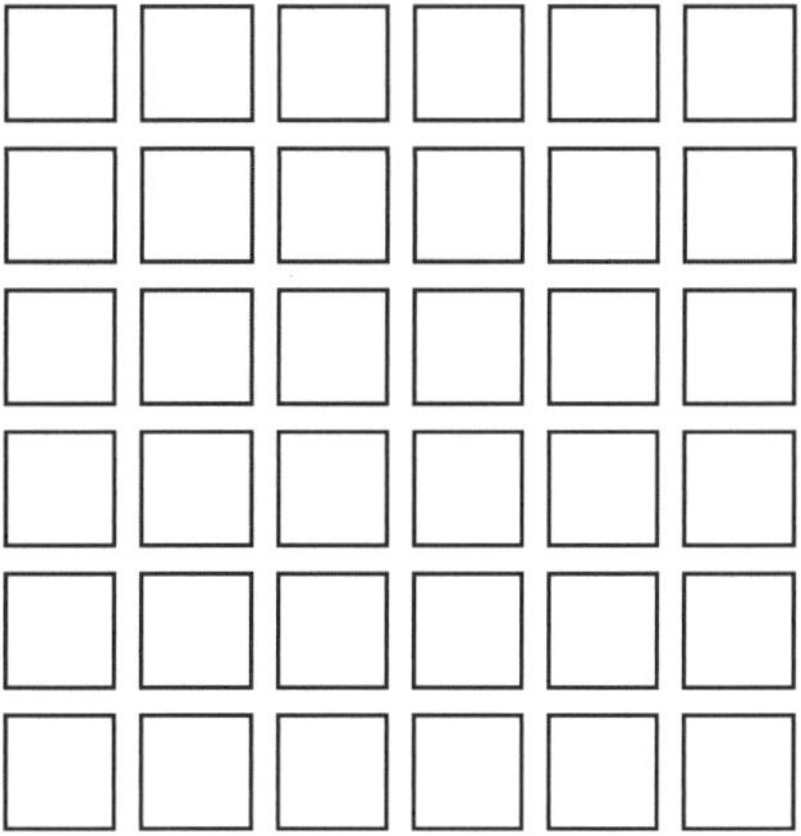

図3-33　線画のヘルマン格子錯視。交差点に、何か暗いものが見える。

ある、きらめき格子錯視（scintillating grid illusion）が発表され[*10]、人気を博している（図3-34）。実はこの錯視については先に発表された類似の錯視があり、バーゲン錯視(Bergen illusion)（図3-35）と私はよんでいる。[*11]違いは、きらめき格子錯視の図の明るさ変化は急だが、バーゲン錯視では滑らかなことである。両者とも、図を斜め45度に傾けると、錯視量は激減する。

これらの錯視で作品づくりとなると、最も派手な感じに見えて、つくるのも簡単なき

図3-34　きらめき格子錯視。交差点の白い円の中に、何か暗いものが「光って」見える。

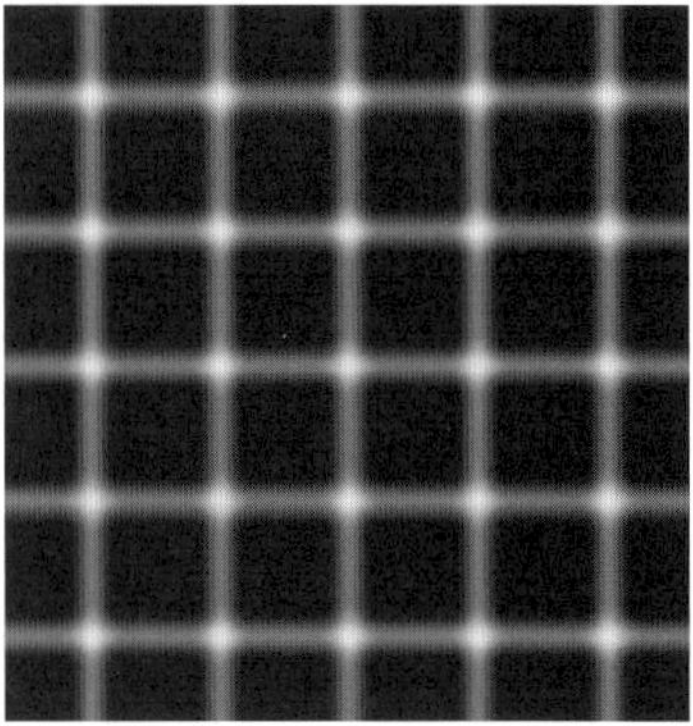

図3-35　バーゲン錯視。交差点の白い部分の中に、何か暗いものが「光って」見える。

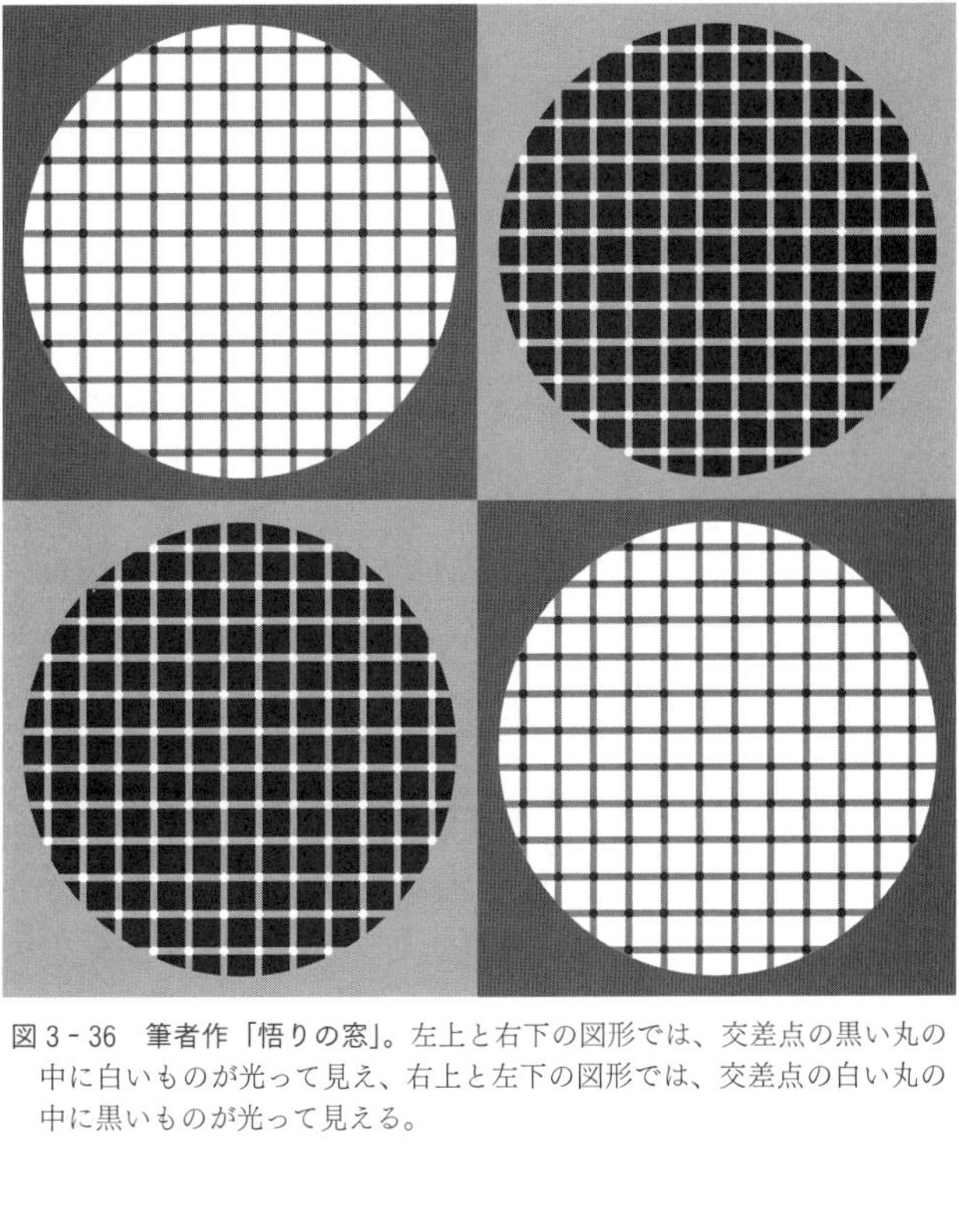

図3-36　筆者作「悟りの窓」。左上と右下の図形では、交差点の黒い丸の中に白いものが光って見え、右上と左下の図形では、交差点の白い丸の中に黒いものが光って見える。

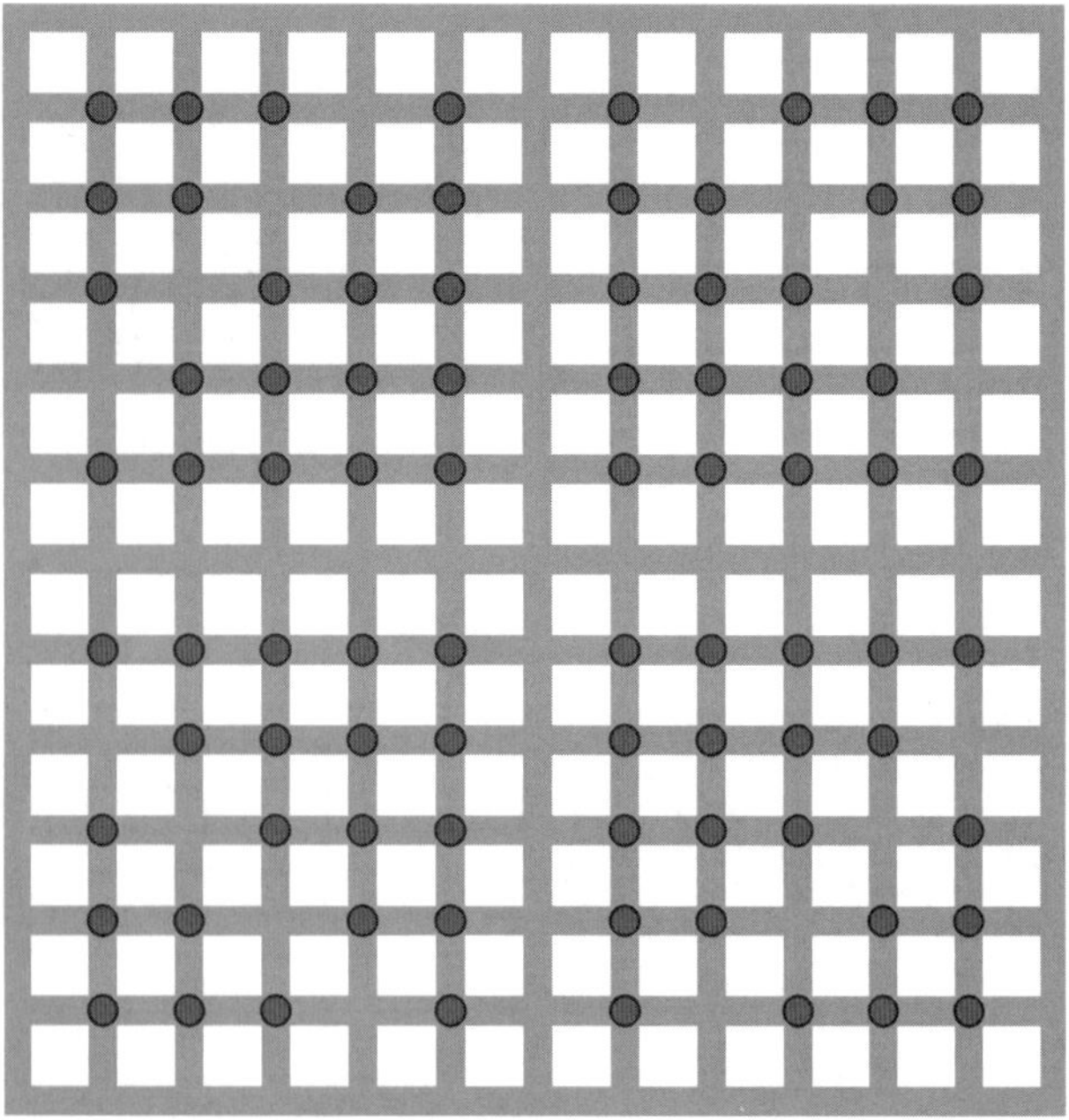

図3-37　筆者作「神経細胞の発火」。交差点の丸の中に白いものが光って見える。私には、その錯視的光の形は「×」のように見える。

らめき格子錯視が、まずはよいだろう。背景を灰色に描いて、その上に黒の正方形を間隔を空けて並べ、交差点に白い丸を置くだけでできあがりである。白黒反転した図形でもOKである。図３－36と図３－37には、私の制作例を示した。

八 「光る菊」――輝き効果

まぶしいものを絵でつくるにはどうすればよいかというと、グラデーションを適切に並べるだけでよい。暗から明方向へのグラデーションがあったとして、その先に白い領域があれば、その白い領域が輝いて見える。これを輝き効果（glare effect）という[*12]。図３－38に例を示した。

図３－38　輝き効果。中央の明るい正方形部分が輝いて見える。

なお、たいへんわかりにくいことだが、輝いて見えるからといって、明るく見えているわけではない。一点一点を見て比較すれば、輝いて見えない白部分に比べて、逆に暗く見えている。このパラドックス的現象をわかりやすく図示したものが、図３－39である。これは普通の明るさ対比（図３

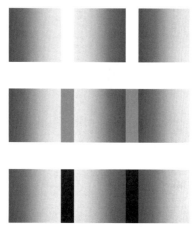

図 3 - 39　輝き効果は明るく見える錯視というわけではない、という説明の図。最上段では、左の白い長方形に輝き効果が見られる。よく観察すると、この部分の見えの明るさは、輝いて見えない右の白い長方形よりも暗い。この見えの明るさ錯視は、背景を灰色（中段）や黒（最下段）にした方がわかりやすいかもしれない（左の長方形が右よりも暗く見える）。

-1）の一種かもしれないし、ログヴィネンコ錯視（図3-16）やエーデルソン錯視（図3-17）と共通した錯視なのかもしれない。

輝き効果のある作品をつくってみよう。グラデーションを並べる、というだけのことなので、解説するまでもないだろう。図3-40の私の作品を参考にして、自分だけのデザインをつくってみていただきたい。

図3-40　筆者作「光る菊」。菊の花の中心が輝いて見える。

第4章

水平のはずが……傾きの錯視

水平線が水平でなく見えたり、平行線が平行でなく見えたり、真っ直ぐな線が曲がって見えたりする錯視を、傾き錯視（tilt illusion あるいは orientation illusion）という。幾何学的錯視（形の錯視）の一種である。

一　「だんご30兄弟」――ツェルナー錯視とフレーザー錯視

ツェルナー錯視

ツェルナー錯視（Zöllner illusion）とは、二本の線が交差しているとき、その交差角の鋭角側が過大評価される方向に線が傾いて見える錯視である。図4‐1に例を示した。

ツェルナー錯視の描き方は簡単だが、コツもある。まず、傾いて見えるようにしたい平行線（被誘導線あるいは主線という）は、ノートの罫線でも十分である。十分というより、罫線は線が薄いので、ツェルナー錯視にとっては錯視が強く誘導されやすい条件になっている。

そこで、ノートの罫線に短い斜線を引いてみる（手描きでもよい）。百年以上にわたって蓄積された研究知見からは、交差角度は10度から30度が最適である。交差角度は0度から90度までOKとしている文献もあるが[*1]、45度から上では逆錯視（傾きの方向が逆になること）が起こる場合もあるので、なるべく斜線は寝かせた方がよい。とくに意識せず斜線を引くと、45度以上の傾きの線を引いてしまうので、注意が必要である。斜線は短い方がよい。長いと逆錯視が起こる可能性がある。[*1] また、錯視が誘導されやすいのは、視野上で斜め45度に引かれた線である。図4-1を斜め45度傾けて観察すれば、ツェルナー錯視の錯視量が多くなる（図4-2）。なお、図を斜めにすると錯視量が増すのは、傾き錯視に共通した性質である。

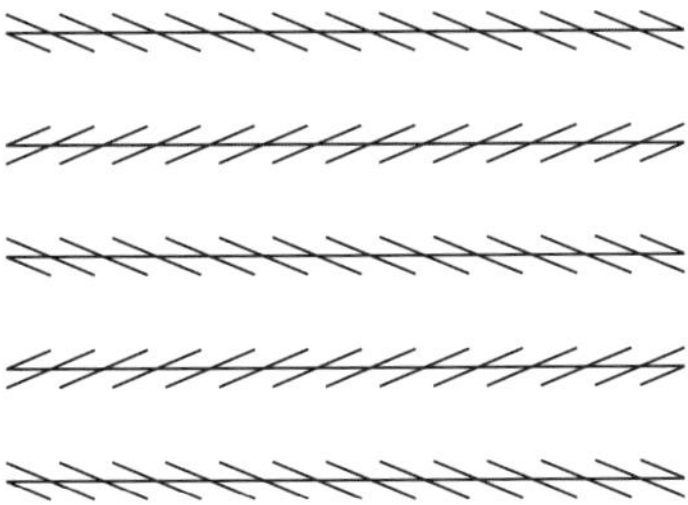

図4-1　ツェルナー錯視。5本の平行な水平線が描かれているが、上から1番目、3番目、5番目は左に、2番目と4番目は右に傾いて見える。

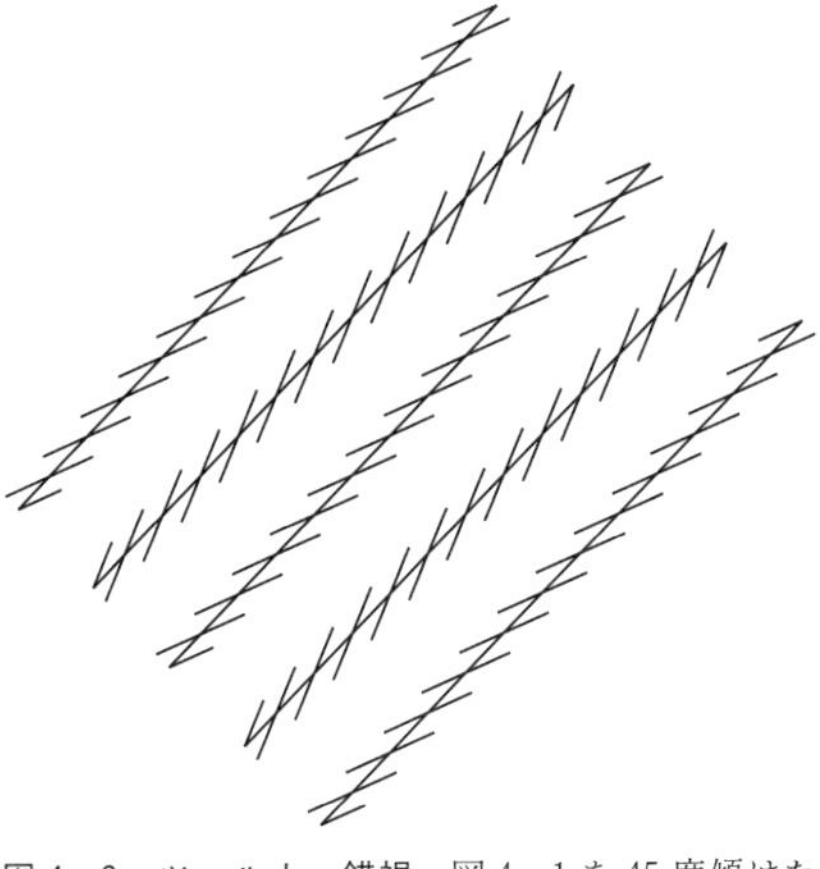

図4-2　ツェルナー錯視。図4-1を45度傾けたもの。錯視量が増大する。

図4-3　輪郭ツェルナー錯視。5本の平行な輪郭線（それぞれ斜め線で構成されている）が描かれているが、上から1番目、3番目、5番目は左に、2番目と4番目は右に傾いて見える。

そのほかにも、線ではなく輪郭が傾いて見える錯視図が可能である（図4-3）。この場合は、実線（real line）ではなく、主観的輪郭線（subjective contour）（この場合は線端を結ぶ仮想線のこと）に傾き錯視が生じているのである。脳内では、主観的輪郭線は実線と同じように処理されていると考えられている。

彎曲錯視

ところで、錯視を誘導する斜線の向きを途中から変えるとどうなるだろうか。図4-4のような彎曲《わんきょく》錯視が得られる。本当は直線なのにカーブが感じられるのである。この条件だと二本の直線が接合した折れ線に見えてもよさそうなのだが、脳としては「線はなめらかである」という情報も受けているから、折衷案として直線はカーブであったことにするのであろう。

彎曲錯視としては、ヘリングの彎曲錯視（図4-5）やオービソン錯視（図4-6）が知られている。研究者の多くは、これらはツェルナー錯視と同じメカニズムによる錯視と考えている。すなわち、傾いて見える錯視の発生源は局所的（ローカルあるいは部

図4-4　彎曲錯視。水平の直線が曲線に見える。左半分は下に凸に、右半分は上に凸に見える。

分的）で低次の脳領域（たとえば、Ｖ1野）で起こるが、全体的に傾いて見える（ツェルナー錯視）、あるいは曲がって見える（彎曲錯視）という知覚は大域的（グローバルあるいは全体的）で高次の脳領域（たとえば、Ｖ4野やＩＴ野）が関与していると考えるのである。

さて、私の作品であるが、あまり数は多くない。ツェルナー錯視は基本図形を描くのは簡単なのであるが、刺激条件にかなりうるさく、デザイン化すると錯視が弱くなってしまうことが多いからである。図4-7には彎曲錯視

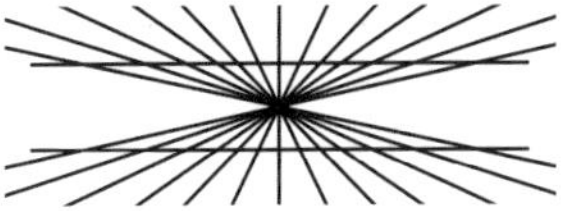

図4-5　ヘリングの彎曲錯視。水平で平行な2直線が外側に膨らんだ曲線に見える。

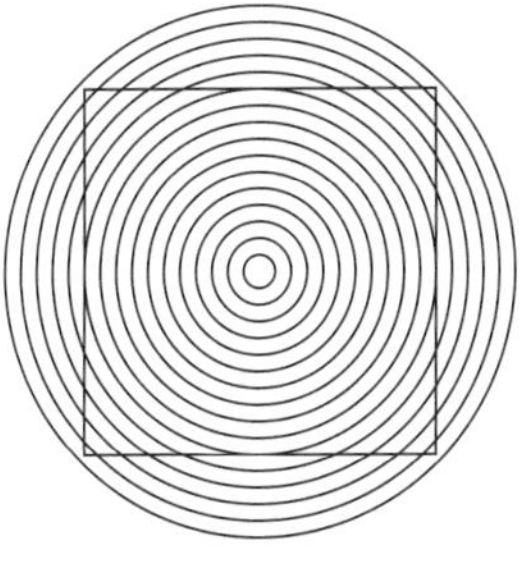

図4-6　オービソン錯視。同心円に入れられた正方形の辺が内向きに曲がって見える。

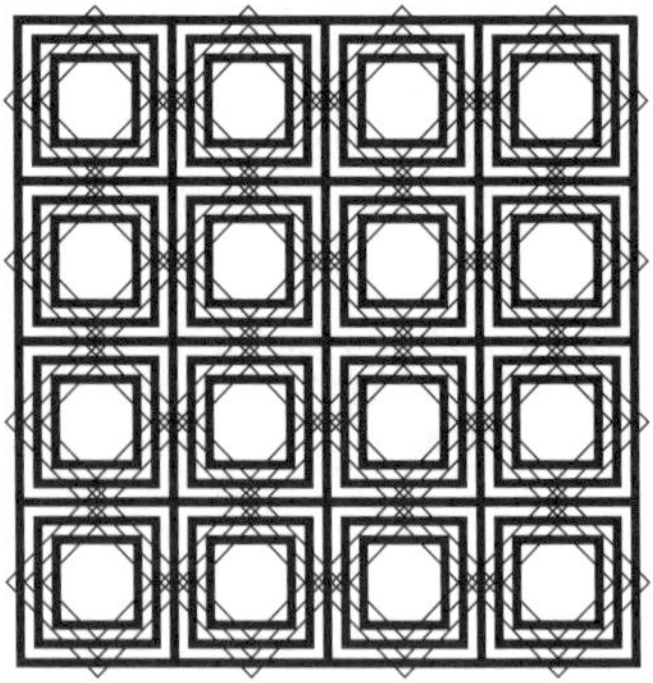

図4-7　筆者作「発電」。すべて直線で描かれているのに、斜めの細い「送電線」が曲がって見える。

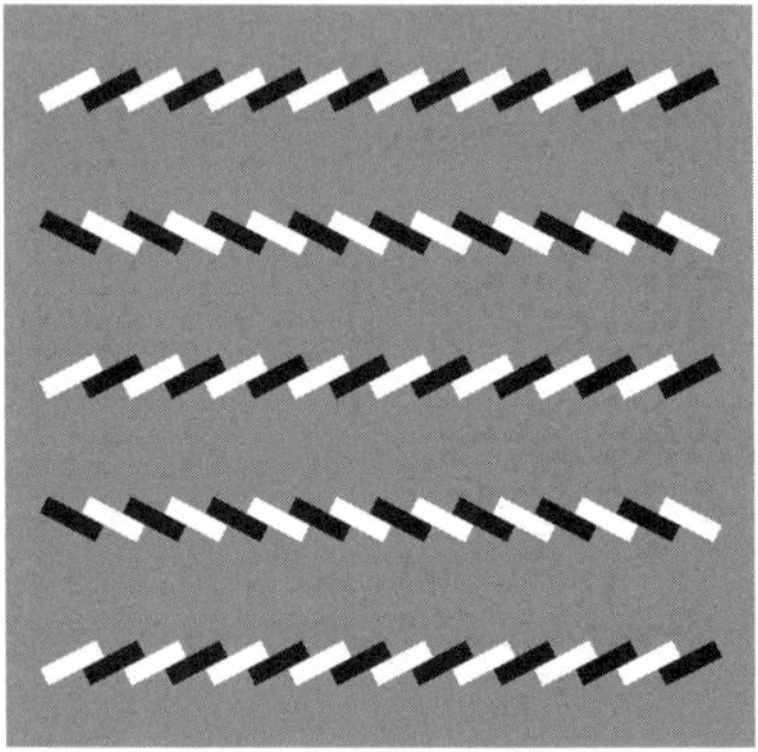

図4-8　筆者作「桃の節句」（原作はカラー作品）。5列とも平行に並んでいるが、一番上が右に、2番目が左にと交互に反対方向に傾いて見える。各列が左右に動いて見える錯視もある。

を用いた作品を、図4-8には動く錯視を含む作品を示す。

フレーザー錯視

ツェルナー錯視の逆錯視の一つにフレーザー錯視（Fraser illusion）がある。線と線の交差角を過小方向に知覚する現象である。基本図形は、第2章の図2-20にすでに示し

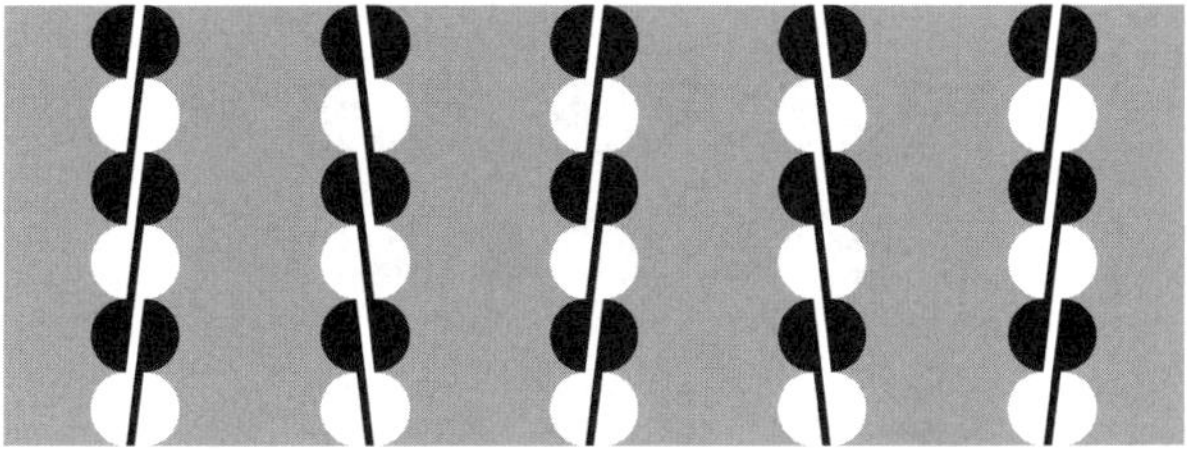

図4-9　筆者作「だんご30兄弟」。部分的には斜線でできた白と黒の「串」は5本とも垂直に立っているが、左から時計回り、その隣が反時計回りと交互に反対方向に傾いて見える。

た。

フレーザー錯視は科学的研究の対象としては面白いものの、つくるのは意外と難しいので、ここではつくり方教室は開かない。しかし、ほかの錯視デザインづくりで腕を上げた方は、ぜひチャレンジしてみていただきたい。

図4-9は私の作品「だんご30兄弟」である。タイトルはもっともらしいが、ほとんど基本図形である。ここで見られる「だんご」部分はデザイン上の飾りではなく、フレーザー錯視にとって必要な部分である。「だんご」部分がなくても錯視を起こすことは可能なのだが、錯視量は少なくなる。このデザイン上の制約は、フレーザー錯視の錯視デザインの難度が高い理由の一つである。

私としては、「だんご30兄弟」程度の単純なデザインで、「フレーザー錯視を応用した立派な作品をつくりました」と胸を張ってはいいにくい。そこで、ちょ

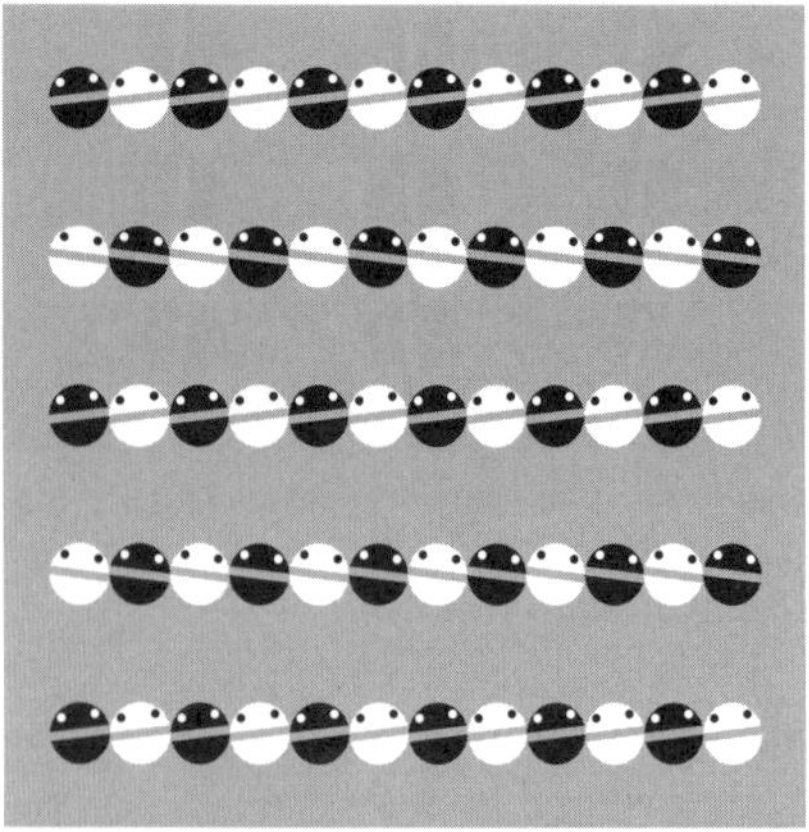

図4－10　筆者作「へび60兄弟」。部分的には斜線でできた灰色の線の並びは5本とも水平で互いに平行であるが、一番上の列が左に、二番目の列が右にと交互に反対方向に傾いて見える。各列が左右に揺れて見える錯視が入っている。

っとがんばってつくってみた作品が図4－10の「へび60兄弟」である。少しデザインらしくなったことと、動く錯視が入ったかなと思える点以外は、やはりほとんど基本図形のままである。結局、フレーザー錯視で美しいデザインをつくるのは難しいことが再確認される結果となった。

それにしても、不思議なことが一つある。錯視図形の中で一番美しいとされるフレーザーの渦巻き錯視の図（図2－21）はフレーザーの論文に載っているが[*2]、それは百年前の作図なのだ。また、図2－21は私がパソコンのプログラミングで描き直したもので、このプログラミングには比較的上級のテクニックを要する。現在コンピュータの力を借りてもあまり簡単でないことがなぜ当時できたのか、不思議なことである。

二　「黒ダイヤ」――カフェウォール錯視

カフェウォール錯視

白と黒の正方形を交互に水平に並べた列を上下二つ描いて、四分の一周期分（正方形の辺の半分）だけ列を水平にずらし、それらの境界上に細い灰色の水平の線を引くと、その線が傾いて見える錯視が現れる。これをカフェウォール錯視（Café Wall illusion）という（図4－11）。錯視研究で有名なグレゴリーが、イギリス西部の港町ブリストルのカフェの壁に発見して一九七九年の論文に発表したというエピソードで有名であるが、[*3] 実際には前述のフレーザーの論文（一九〇八年）においてすでに論じられている。

灰色の線は黒でもよく、その場合はミュンスターベルク錯視（Münsterberg illusion）という（図4－12）。ミュンスターベルク錯視は、墨やインクで図形を描いた時代には重宝したが（灰色の線を手で描くのはたいへんだった）、パソコンとプリンタが自由に使える今では、カフェウォール錯視のデザインに取り組んだ方が、ミュンスターベルク錯視よりも錯視量が多いので楽しい。

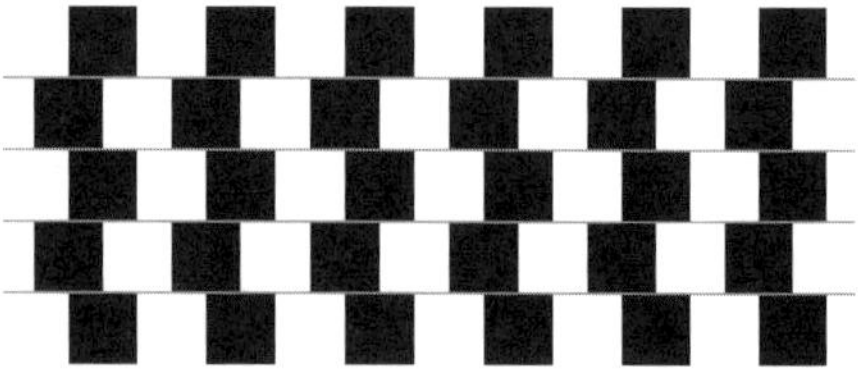

図４-11　カフェウォール錯視。平行に引かれた灰色の水平線が、上から右・左・右・左に傾いて見える。

図４-12　ミュンスターベルク錯視。平行に引かれた黒の水平線が、上から右・左・右・左に傾いて見える。

カフェウォール錯視は、いわば錯視デザインの御用達の錯視である。なぜなら、デザインが要求するさまざまな変形に耐えるからである。

カフェウォール錯視の彎曲錯視

まずは簡単な作品からつくってみよう。図４-13のように、途中から正方形列のずれの方向を変えると、彎曲錯視が得られる。一見何気ないデザインであるが、私の知っている限りでは、カフェウォール錯視の彎曲錯視については、研究論文は出ていない。百年前にこれを出していたとしたら、自分の名前を冠した新しい錯視として今日に伝わったかもしれない。

図4-13　筆者作「観客席の出入り口」。平行に引かれた灰色の水平線が、上3本は上に凸に、下3本は下に凸に彎曲して見える。動く錯視も少し感じられる。

とはいうものの、ヘリングの彎曲錯視やオービソン錯視などはツェルナー錯視の彎曲錯視版にすぎない、と断定するのは少し危険な感じがする。少しの変形や改変でも、何か新しいものが付け加わってしまう可能性は少なくないからである。

ツェルナー錯視系統の彎曲錯視は、構成する線分の交差角度に厳しい条件があるため、ヘリングの彎曲錯視以上の美しさのデザインを、なかなかつくることができない。しかしカフェウォール錯視はその錯視の強さを維持するための刺激条件がゆるく、そのため比較的自由に彎曲デザインができる。図4-14はその例で、垂直方向と水平方向の二次元を使って外向きに凸の彎曲錯視をつくると、図形が奥行き方向に膨らんで見える錯視デザインとなる。

カフェウォール錯視の基本図形は正方形を描いていることが多いが、正方形でなくてもよい。図4-15は長方形を用いている。長方形を用いたカフェウ

図 4 - 14　筆者作「黒ダイヤ」。垂直・水平に引かれた灰色の線が、外向きに曲がって見える。そのため、図の内側が手前に出っ張って見える。

図 4 - 15　筆者作「編み物」。垂直に引かれた灰色の平行線ブロックが、左から時計回り、反時計回りに交互に反対方向に傾いて見える。それぞれのブロックがずれて動いて見える錯視も見られる。

図4－16　筆者作「動くタイル」。垂直・水平に引かれた灰色の線は、図形の内側と外側で傾きが違って見える。それ以外に、内側の領域が動いて見える錯視がある。

ォール錯視は、幼稚園錯視とよばれることもある（正確には、ミュンスターベルク錯視のデザインの場合にそうよばれる）[*4]。

カフェウォール錯視の動く錯視と渦巻き錯視

カフェウォール錯視図形には動く錯視が含まれることが多い。私の見たところでは、動く錯視が最も強く現れるカフェウォール錯視図形は、図4－16である。ただ、この図で動く錯視は見えないと報告する人も少なくないが。

この図から灰色の線を取っ

図4-17　筆者作「階段」。内側の領域が動いて見える。図2-6を再掲。

ても動く錯視がすべてなくなるわけではない（図4-17）。ということは、カフェウォール錯視と動く錯視が同居しているからといって、両者が同じメカニズムによる錯視であるとは限らないということを意味する。

カフェウォール錯視を用いて、渦巻き錯視をつくることもできる。[*5] 同心円状に白と黒の「正方形」あるいは「長方形」を配置して、ずらして境界に灰色の円を置くのである。そうすると、カフェウォール錯視の灰色の直線が傾いて見えたように、カフェウォール渦巻き錯視では灰色の同心円が渦巻きのように見える（図4-18）。

図 4 - 18　筆者作「蛇の渦巻き」。灰色の同心円 2 本ずつが右に回転して中心に向かう渦巻きを構成しているように見える。

図４-19　筆者作「渦巻きアンパン」。灰色の同心円が左に回転して中心に向かう渦巻きに見える。

ドローソフトで扇形を描けるのであれば、カフェウォール錯視で渦巻き錯視をつくるのは簡単なので、ぜひ試してみていただきたい。まずは白黒の放射状パターンを描き、それを縮小コピーしたパターンをもとのパターンの上に乗せ、少し回転させる。縮小パターンともとのパターンの境界に灰色のリングを置く。この作業をくり返すと、いつのまにかカフェウォール渦巻き錯視ができあがる。工夫次第では、図4-19のような立体感あふれる作品もできる。

簡単にできるカフェウォール錯視

そのほか、読者のみなさんがつまずきそうな注意事項をいくつか述べておきたい。

第一に、カフェウォール錯視には正方形や長方形に見られるような直角が必要であるかというと、そうではない。鋭角でも鈍角でも同じように錯視を起こせる。[*6] 図4-20では図形の角の角度は60度あるいは120度程度であるが、傾きの錯視は起きている。ツェルナー錯視の研究知見を少しかじった人なら、「この傾き錯視は線が交差したことによるツェルナー錯視の影響かもしれない」と考えるかもしれない。しかしこの推測は、図4-20の上半分と下半分で交差角度は同じなのに見えの傾きの方向が違うことから、正しくないとわかる。

カフェウォール錯視をデザインするときに、図形の角は直角でなくてもよいという性質は、デザインの自由度を飛躍的に増加させる、実に便利な性質である。

第二に、カフェウォール錯視を起こすのに、正方形などの図形は白と黒でなければならないわけではない。濃い灰色と薄い灰色でもよい。大切なことは、二種類の図形には明るさの差があり、境界に乗せる線はその中間の明るさであればよいのである。白と薄い灰色、黒と濃い灰色という四階調を同時に使っても、線が薄い灰色と濃い灰色の中間の明るさであれば、カフェウォール錯視は成立する（図4-21）。

この性質は、カフェウォール錯視デザインに着色するときに重要な性質で、色の明る

図4-20　筆者作「カフェウォール凹凸反転図形」。4本の垂直の灰色の線が曲がって見える。一番左の線は左に凸、次の線は右に凸と交互に反対方向に曲がって見える。作品としては、縞模様が筒の外側のように見えたり、樋（とい）の内側のように見えたりする。

図 4 - 21　筆者作「気圧の変動」。一番上の灰色の正方形列は左端に比べて右端が広がっているように見える。真ん中の列は左端が広がっているように見え、一番下の列は右端が広がっているように見える。これら灰色の正方形列が左右に動いて見える錯視もある。

さの順番さえ間違えなければ、赤・黄・緑・青など好きな色を使うことができる。老婆心ながらいうと、どんなどぎつい色を使っても、色の明るさの順番さえ間違えなければ錯視量は維持できるが、色彩の調和は保証の限りではない（審美眼は日ごろ自分で磨いておこう）。

なお、ツェルナー錯視は基本的には線画だから色を付けても色の付いた線画という感じだが、カフェウォール錯視の錯視デザインに色を付けると実にデザインらしくなって、美しさが高まる。錯視デザインの御用達の面目躍如である。

第三に、傾き錯視が誘導される線は細い方がよい。[*3] 細すぎて見えにくいよ

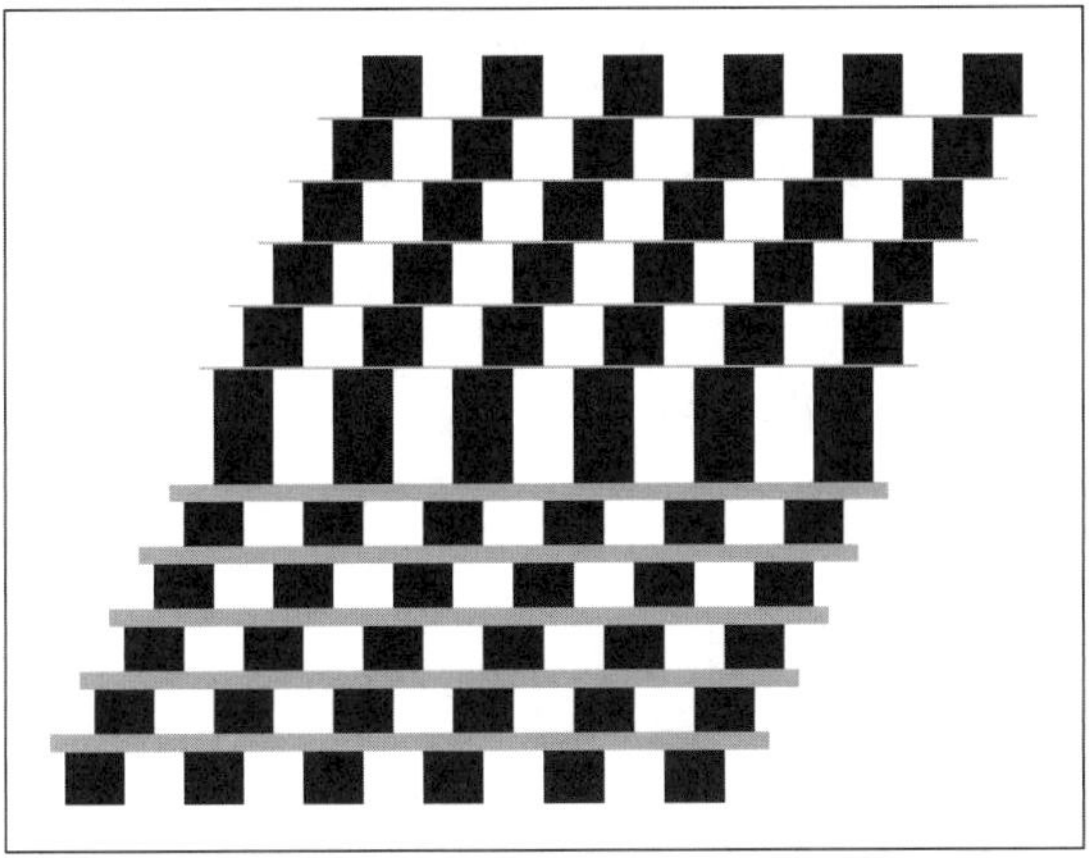

図4-22　カフェウォール錯視とカフェウォール逆錯視。上半分では灰色の水平線は右下がりに見える（カフェウォール錯視）が、下半分では右上がりに見えることがある（カフェウォール逆錯視）。

うだと錯視が弱くなるが、太すぎると逆錯視が現れることがあるので（図4-22）、この点には細心の注意が必要である。

以上、これらのことをひと通り学習してしまえば、好き放題着色して、今日からみなさんも錯視デザイナーとしてデビューできることは請け合いである。本書では、カフェウォール錯視および四色錯視（第2章）を、錯視デザインの初級者向き材料として、とくにお薦めする。

三　「クッション」――市松模様錯視

図4-23　市松模様錯視。水平に描かれた黒い線が右上がりに見える。

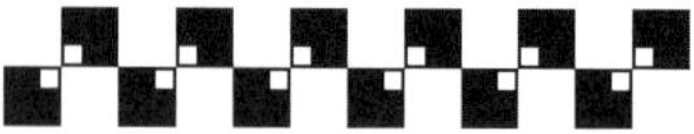

図4-24　市松模様錯視の市松模様らしい基本図形。水平に描かれた線が右上がりに見える。

図4-25　市松模様錯視のさらに市松模様らしくて、錯視量が最大の基本図形。水平に描かれた線が右上がりに見える。

市松模様錯視

カフェウォール錯視の仲間に、市松模様錯視（checkered illusion）がある。図4-23が私の論文[*7]に載った基本図形である。図4-24や図4-25の方が錯視量が多く、錯視をデザインして楽しむことには向いている。

なお、市松模様錯視を発表したのは私であるが（一九九八年）、その後の調査で、百年前にすでにリップスによって発表されていたことが判明した。[*8] リップスの錯視が忘れられたのは、ほぼ同時にミュンスターベルクがミュンスターベルク錯視（図4-12）を発表[*9]し、両者が似ており後者のみが今日に伝わったためと私は推定している。

市松模様錯視のデザインには、メリットが二つある。一つは白と黒の二色だけでできること、もう一つは正方形を組み合わせるだけでできることである。前者はパソコンとプリンタの時代には大してメリットではなくなったが、それでも錯視図形を手描きでつくってみようというときには便利な性質である。後者は、「このデザインは実はすべて正方形でできている」というだけで客観的性質のすべてを物語ることができるので、錯視のデモンストレーションのプログラム構成を考えるときに、自由度が大きい。

図4-26　市松模様錯視のさらに市松模様らしくて錯視量が最大の基本図形を、二次元的に構成した「市松模様錯視二次元的基本図形」。水平に描かれた線は右上がりに見え、垂直に描かれた線は右に傾いて見える。

まずは、簡単なデザインから見ていこう。サイコロキャラメルの2の目のような図形を正方形でつくって(大きい正方形の角の近くに小さい正方形二つを乗せる)、それを単に並べただけのデザインが図4-26である。この程度でも、錯視による傾き感を十分楽しめるデザインとなる。

図 4 - 27　筆者作「膨らみの錯視」。すべて正方形で描かれているが、床が膨らんでいるように見える。

「膨らみの錯視」

市松模様錯視による真骨頂は、図 4 - 27 のような図形配置にしたときに得られる。この作品「膨らみの錯視」は、すべて正方形でできているにもかかわらず、カーブが感じられ、しかも床が手前に膨らんでいるかのように見える。

「膨らみの錯視」は、図 4 - 14 の「黒ダイヤ」とデザイン上の原理は同じで、水平

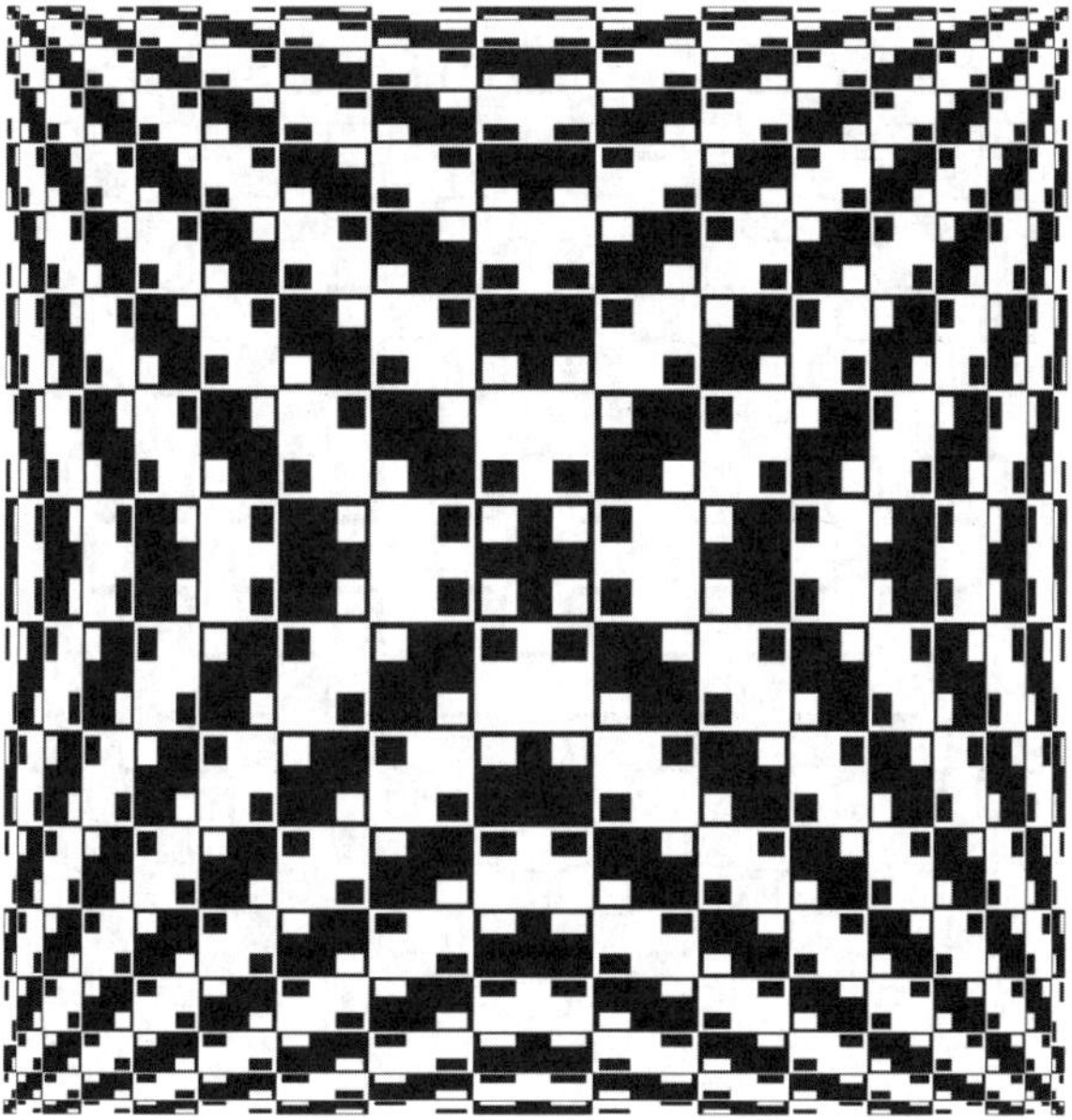

図４-28　筆者作「クッション」。すべて正方形か長方形で描かれているが、膨らんだクッションのように見える。

方向と垂直方向それぞれに彎曲錯視を配置したものである。しかし、「黒ダイヤ」と異なる点は、こちらの方がデザインがすっきりしていることである。錯視図形の説明には「物理的にはこうである」という必要があるが、その部分を「正方形だけでできている」という口上で決まるところが、市松模様錯視デザインの楽しいところでもある。

「膨らみの錯視」の

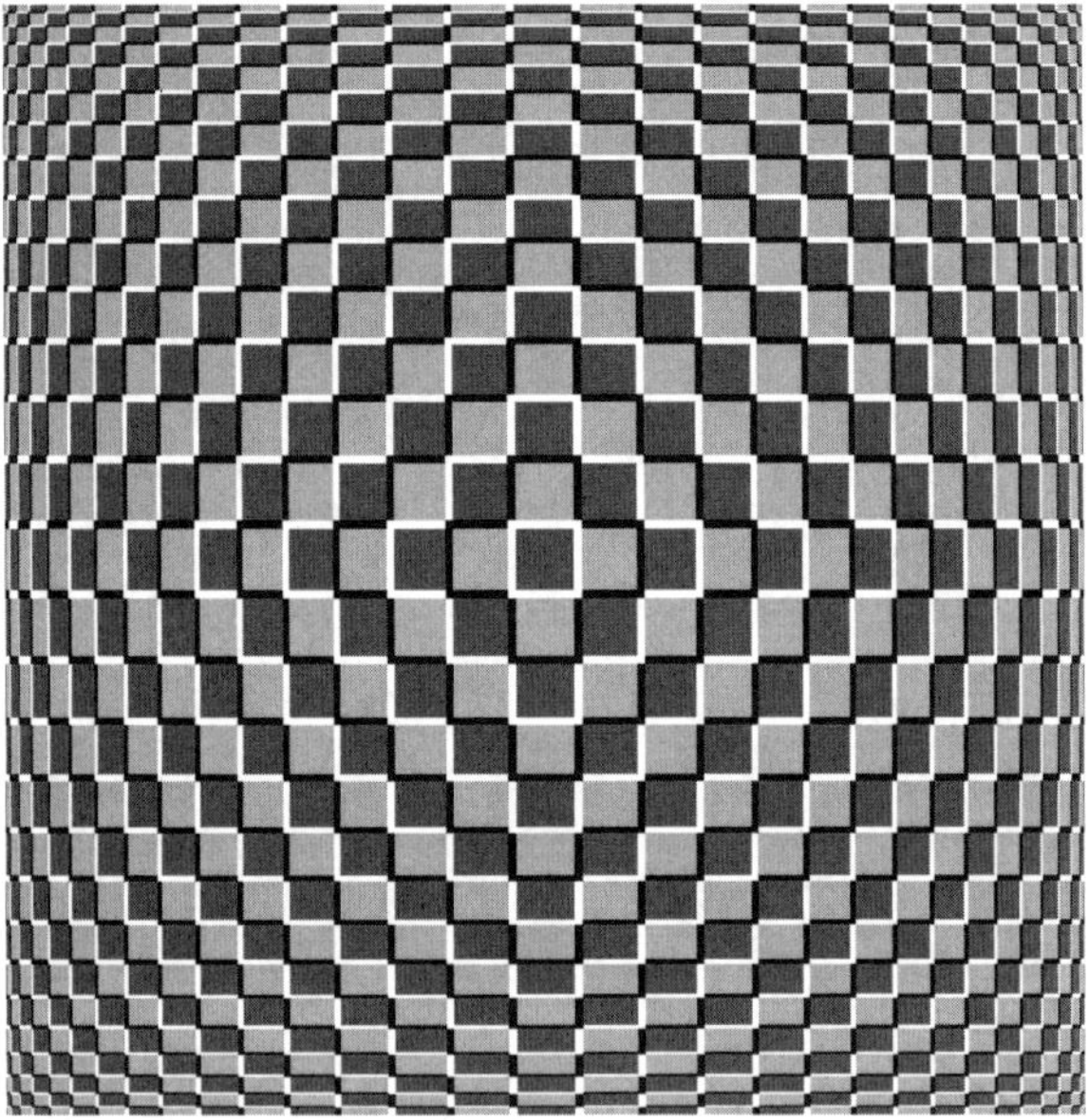

図 4 - 29　筆者作「拡大クッション」。すべて正方形か長方形で描かれているが、膨らんだクッションのように見える。しかも、周辺視で眺めると、クッションが膨らんでいくように見える。

別表現としては、作品「クッション」(図4 - 28) がある。この作品では、図の周辺部を細かくして(専門的には「空間周波数を高くする」と表現する)、奥行き感を与えている。すなわち、膨らみの錯視による立体感と空間周波数の操作による奥行き感の相乗効果で、膨らんだクッションのようなインパクトのあるデザインを、正方形と長方形だけでつくることができるのである。

話はそれるが、空間周波数の操作による奥行き感のデザインは私のオリジナルではない。街角でも見ることができる。この原理を示したオリジナルは、バザルリ（幾何学的パターンの作品で知られるオプアーティスト）かエッシャー（不可能図形やくり返し模様の版画で人気のあるアーティスト）の作品ではないかと推測している。

この「空間周波数の変調」原理だけでも膨らみの錯視となることを、図4－29に示した。ただし、図4－29には「蛇の回転」錯視も入っていて、クッションの中心から周辺に向けて動いて見える錯視をしのび込ませてある。もちろん、その動く錯視が起こらないようにつくり直しても、膨らみの錯視は認められる。

市松模様錯視の波の錯視と動く錯視

市松模様錯視のほかの応用例としては、「波」の錯視を表現したものがある。図2－32にすでに例を示してあるが、図4－30に作品をもう一つ示した。

デザインがどのようにできているかについては、文章で説明するより、図で見た方が明らかだろう。図4－30「桔梗」は四枚の「花びら」からなっているが、それぞれは波の錯視の基本図形である。基本図形においては、斜め方向に同じ要素図形（サイコロキャラメルの2の目のような図形）を並べ、それと垂直な斜め方向には四つずつ同じ向き

図 4 - 30　筆者作「桔梗」。すべて正方形で描かれているが、「花びら」が波打って見える。

の図形を並べ、その先は左右反転（上下反転でも同じ）させた図形を四つずつ並べ、という規則で反復させて並べている。

また、カフェウォール錯視と同じように、市松模様錯視の図にも、動く錯視は認められる。図 4 - 31では、内側の部分が動いて見えるかもしれない。

ここで、「見えるかもしれない」と表現が弱いのは、私自身が見て錯視量が少なく見えるからである。また、この錯視が見えないと報告する人も多い。しかし、たとえこの錯視が見える人が少数でも、極端にいえば私一人しか見えなくても、見える人がいる限り、錯視は

図4-31　筆者作「ダイヤモンドハート」。すべて45度傾けた正方形（ダイヤモンド）で描かれているが、内側の「大きなダイヤモンド型領域」のダイヤモンドは縦長に、外側のダイヤモンドは横長に見える。さらに、その「大きなダイヤモンド型領域」は、揺れて見えることがある。

存在することになるのである。それが錯視は心理学的現象であるということであり、錯視は主観を離れた物理的なものでは決してありえないことを反映している。

もちろん、特定の錯視を見ることができる人があまりにも少数であると、その錯視は研究の関心から外れやすくなる。その錯視の研究成果を発表しても、誰にも聞いてもらえなかったり引用してもらえなかったりすれば、だんだん忘れられていくものなのだ。

四 「卵図」――カフェウォール錯視の仲間の錯視

カフェウォール錯視には、錯視デザイン上の原理がある。この原理に従えば、カフェウォール錯視やその仲間を確実に描くことができる。

それは、図4‐32に示したように、エッジの角があって、その一方のエッジの延長線上に線があるとき、エッジが暗い角で暗い線の組み合わせ（図のA）と、エッジが明るい角で明るい線の組み合わせ（図のB）のとき、角を過小視する方向に全体が傾いて見える、というものである。一方、エッジが暗い角で明るい線の組み合わせ（図のC）と、エッジが明るい角で暗い線の組み合わせ（図のD）のときは、逆に、角を過大視する方向に全体が傾いて見える。*10

この原理から一足飛びにデザインを考えるのは難しいであろうから、この原理から導

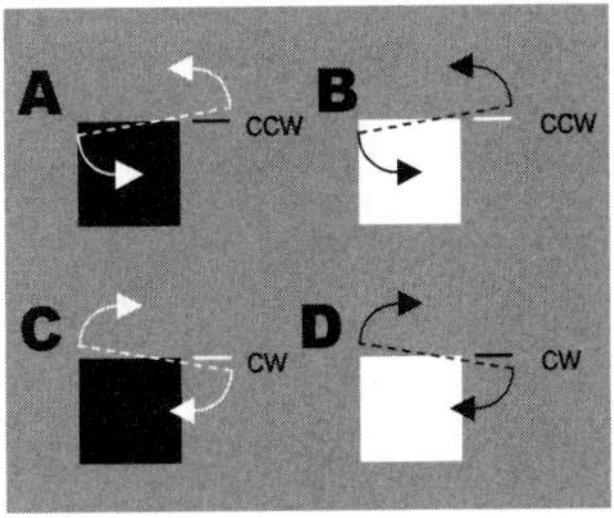

図4-32　**カフェウォール錯視の基本原理**[*10]。説明は本文参照。CCWは反時計回りに傾いて見えるという意味で、CWは時計回りに傾いて見えるという意味である。

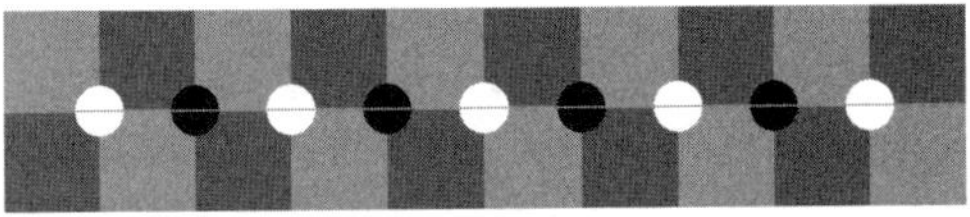

図4-33　**黒白円の錯視**。白と黒の円の上を通って水平に引かれた灰色の線が左に傾いて見える。

かれた「基本錯視」をまず例示して、その基本錯視をもとにしたデザインを考えよう。

黒白円の錯視

まずは、黒白円の錯視（illusion of black-and-white ellipses or circles）が最初に取り組むものとしてはやさしいと思う。濃い灰色と薄い灰色の市松模様の正方形の角に黒い円と白い円を交互に置き、カフェウォール錯視のように灰色の線を引けばできあがりである（図4-33）。この錯視は、動く錯視の四色錯視の図2-8でもすでに示しているが、傾き錯視を強調するには円は若干大きく描いた方がよい。

黒白円の錯視の簡単なデザインを、図4-34と図4-35に示した。いずれも、正方形と円と線だけでできているので、初級者でも難なく描けると思う。さらに、カフェウォール錯視と同様、着色をいろいろ試して楽しめる。

黒白円の錯視を用いて渦巻き錯視のデザインをつくるのも簡単である。まずは、図4-36のように作図する。これだけでも十分アートらしく見えるが、何かテーマを考えて

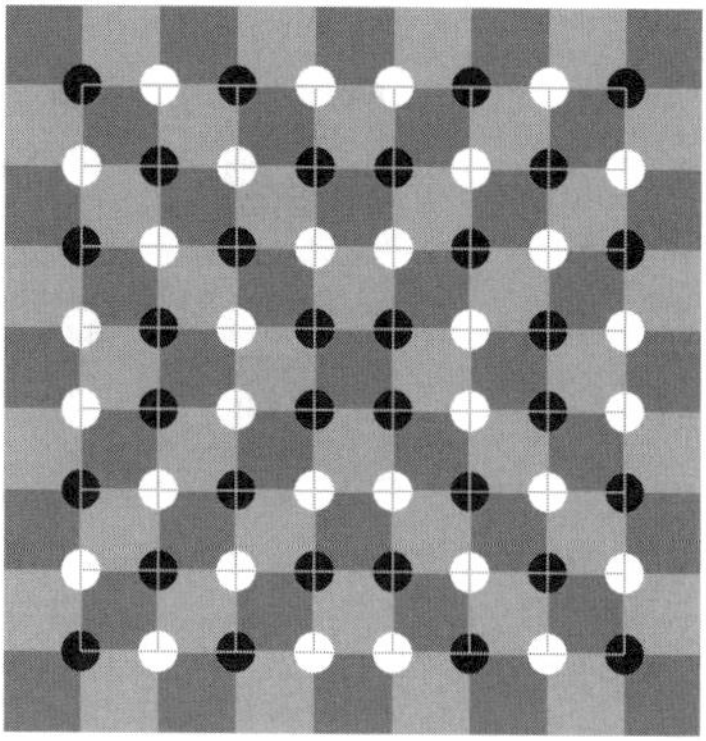

図4-34　筆者作「圧力」。垂直と水平に引かれた灰色の線が曲がって見え、網目が手前向きに膨らんでいるように見える。

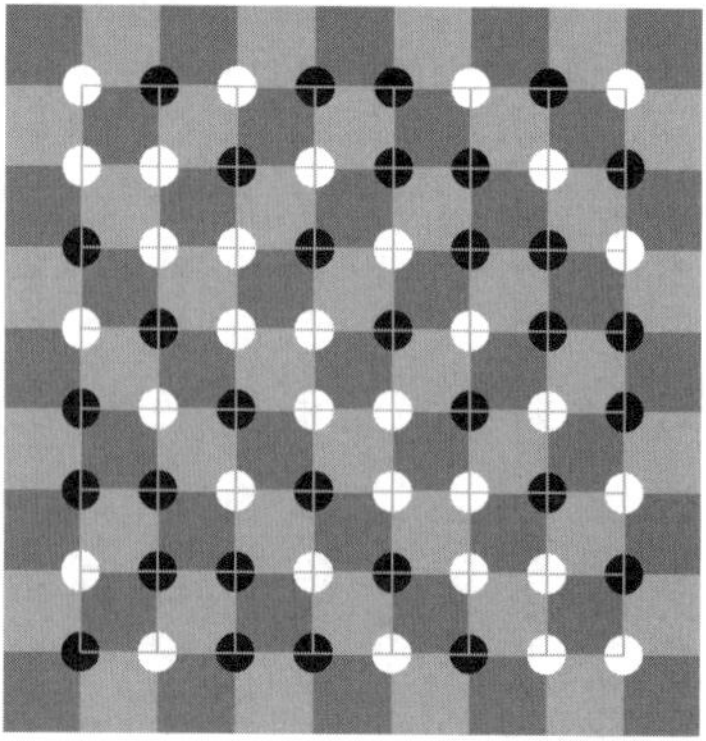

図4-35　筆者作「養殖場の波」。垂直と水平に引かれた灰色の線が曲がって見え、網目が波打っているように見える。

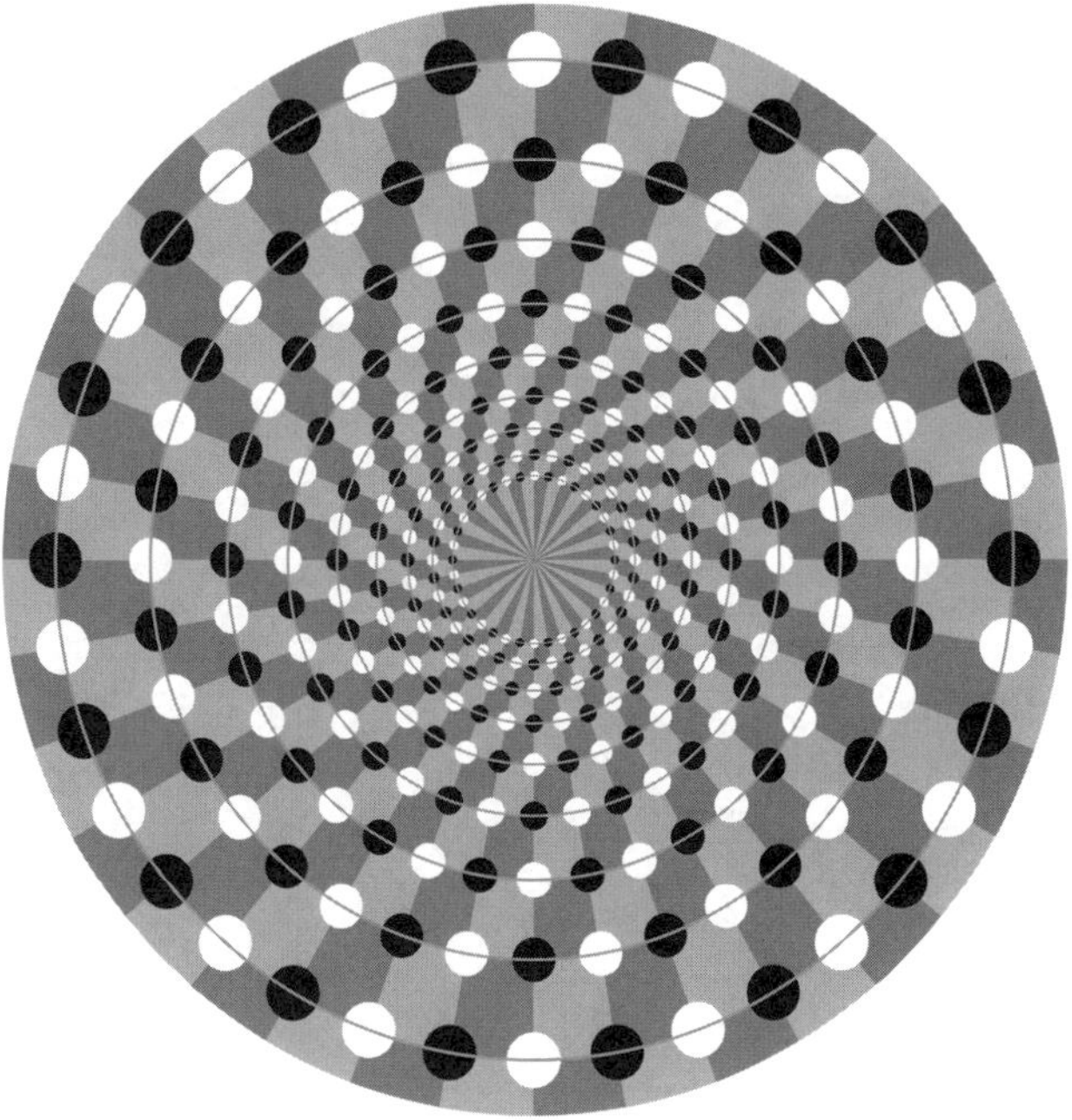

図４-36　黒白円の錯視の渦巻き錯視。灰色の同心円が右に回転して中心に向かう渦巻きに見える。

図 4 - 37　**筆者作「卯図」。**灰色の同心円が右に回転して中心に向かう渦巻きに見える。周辺視で見ると、図全体が左に回転して見える錯視もある。

図4-38　ずれたグラデーションの錯視。灰色の水平線が左に傾いて見える。

もっともらしい飾りを付けると、その錯視デザインは図4-37のような「作品」に変身するのである。

ずれたグラデーションの錯視

カフェウォール錯視の仲間の二番目の例として、ずれたグラデーションの錯視[*8]（illusion of shifted gradations）を紹介しよう。黒から白へ、白から黒へのくり返しの水平方向のグラデーションを二列縦に並べて描き、少し水平方向にずらしてそれらの境界に灰色の線を引くと、その線が傾いて見える錯視である（図4-38）。

図4-39には、その錯視デザインの例を示した。グラデーションをデザインに入れることでリアリティを増大させることができる場合があるので、デザイン上の応用がいろいろと楽しめるところである。

なお、ずれたグラデーションの錯視は、グラデーションが連続ではなく、階段状のグラデーションであっても見ることができる（図4-40）。ちなみに、カフェウォール錯視は階段のステップ数が2のずれたグラデーションの錯視であるということもできる。

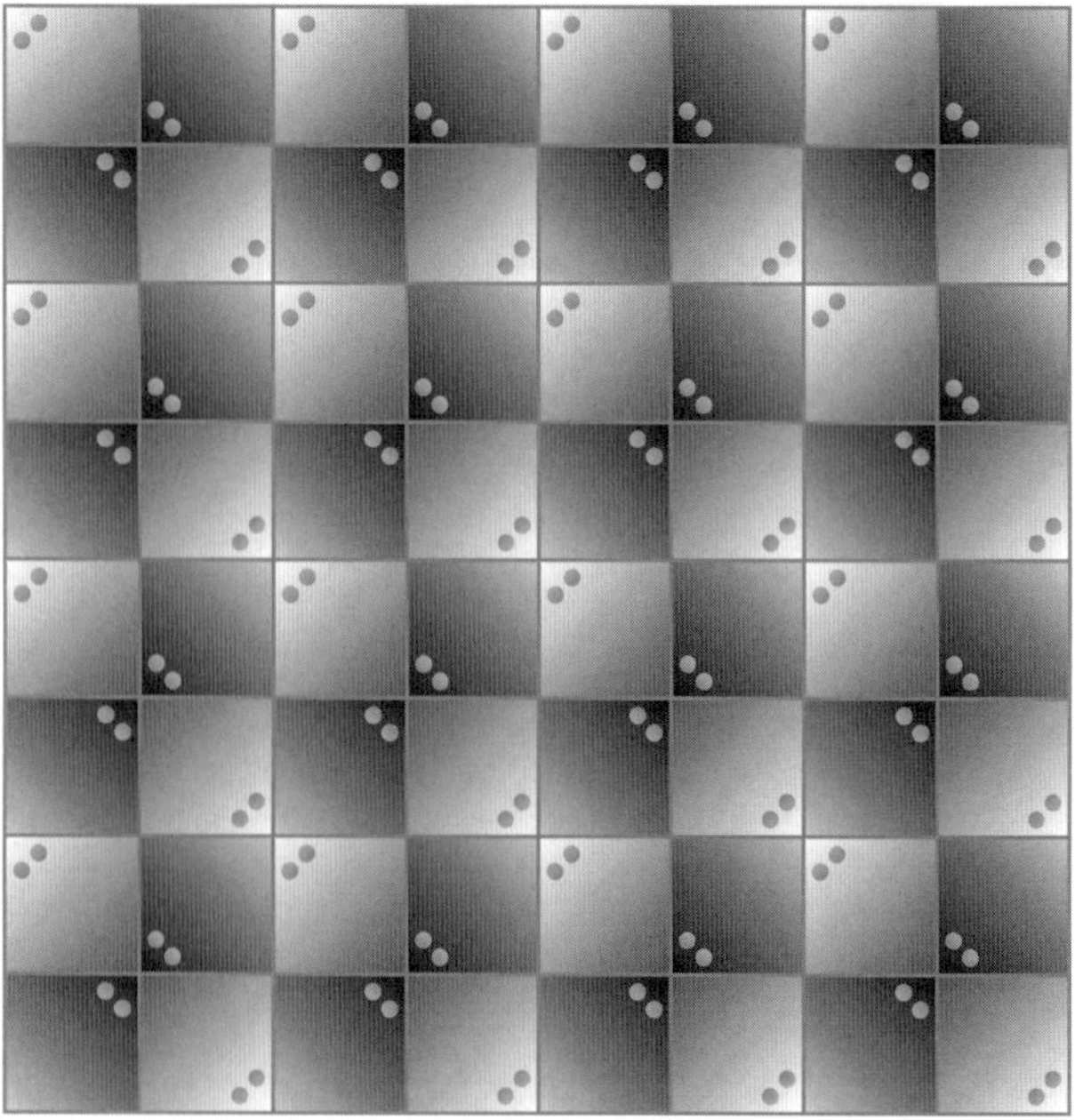

図 4 - 39　筆者作「エイの詰め合わせ」。エイは正方形で描かれているが、形がゆがんで見える。そのほか、暗いエイの目は明るく見え、明るいエイの目は暗く見えるが、実は同じ輝度のグラデーションであるという明るさの錯視や、灰色の垂直・水平線が場所によって明るく見えたり暗く見えたりする錯視も含まれている。

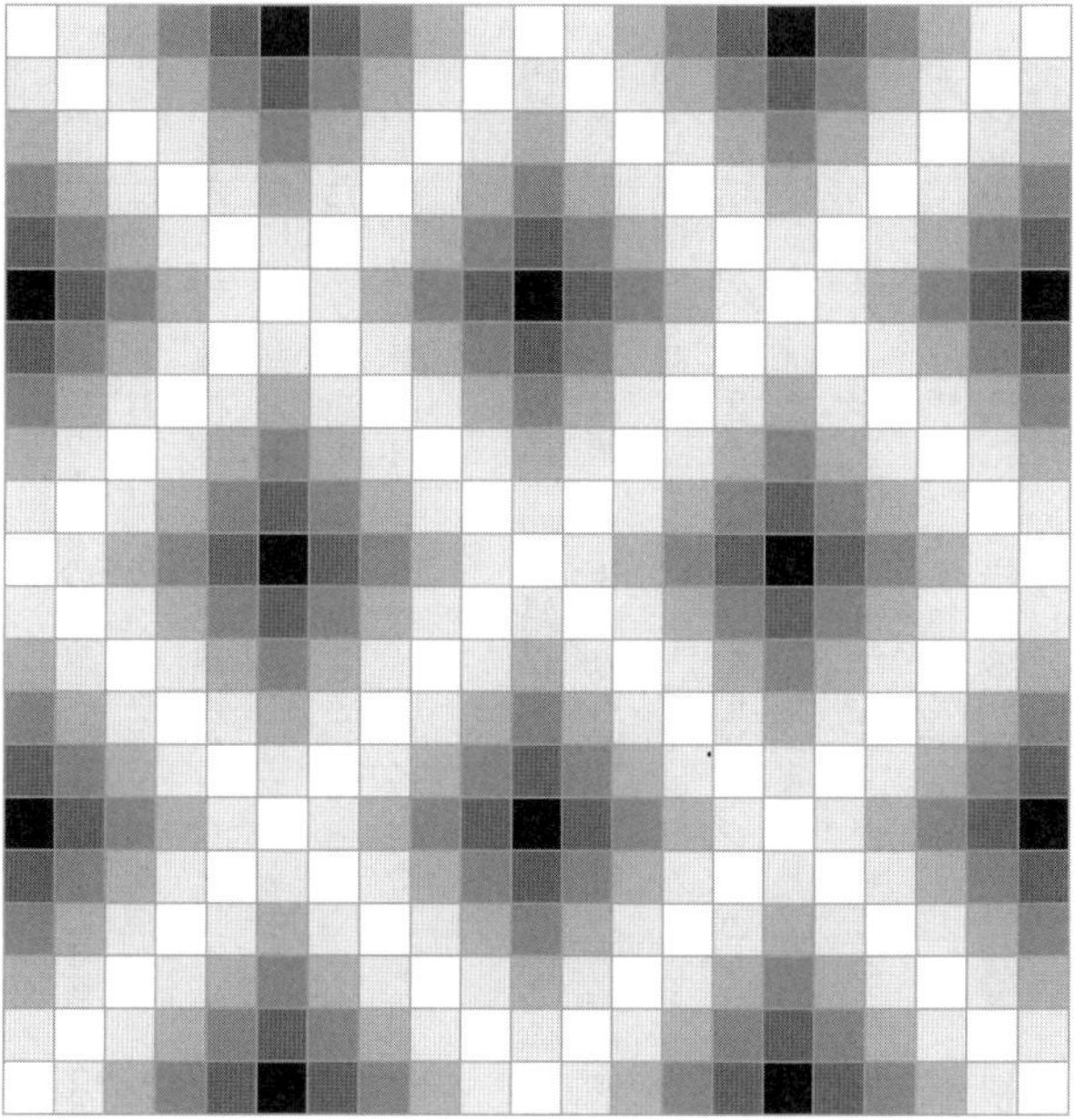

図4-40　筆者作「絨毯」。すべて同じ大きさの正方形でできているが、灰色の輪郭線がカーブしているように見える。

縞模様コードの錯視

三番目には、縞模様コードの錯視[*7]（illusion of striped cords）を紹介する。基本図形は、図4‐41に示したとおりだ。カフェウォール錯視やずれたグラデーションの錯視では線は灰色であるが、縞模様コードの錯視では白と黒の縞模様である。

図4‐42には、ほとんど基本図形ではあるものの、縞模様コードの錯視を同心円図形に応用したデザインを示した。渦巻き錯視とつくり方は類似しているが、錯視による傾きの方向を外側の環と内側の環では反対方向にしてあって、渦巻き錯視とは違った独特な見えが得られる。

縞模様コードの錯視は、四色錯視の例として、第2章ですでに示した（図2‐10）。もちろん、図2‐10では傾き錯視よりも動く錯視の方を強調していたわけだが、その図でも傾き錯視は十分観察できる。

それどころか、図2‐10のようなデザインの方が、縞模様コードの錯視をデザインとして楽しむには便利である。薄い灰色と濃い灰色の正方形で市松模様をつくり、その角に白あるいは黒の十字を置くだけでできるからである。図4‐43に作品例を示した。もちろん、これを着色して楽しむこともできる。

そのほかのカフェウォール錯視の原理を用いた傾き錯視によるデザインの例を、図4‐44と図‐45に示しておく。これらも含めて、パソコンとドローソフトさえあれば、カ

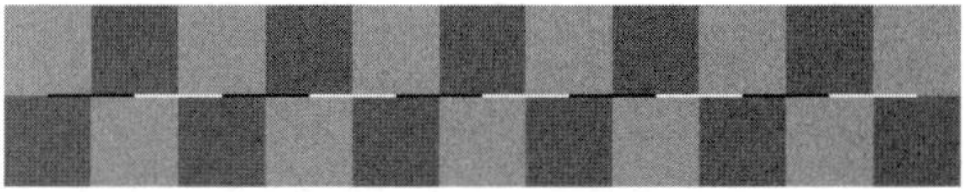

図4-41　縞模様コードの錯視。白と黒の縞模様の細い水平線が左に傾いて見える。

図4-42　筆者作「航空ショー」。白と黒の縞模様の同心円二つがひずんで見える。

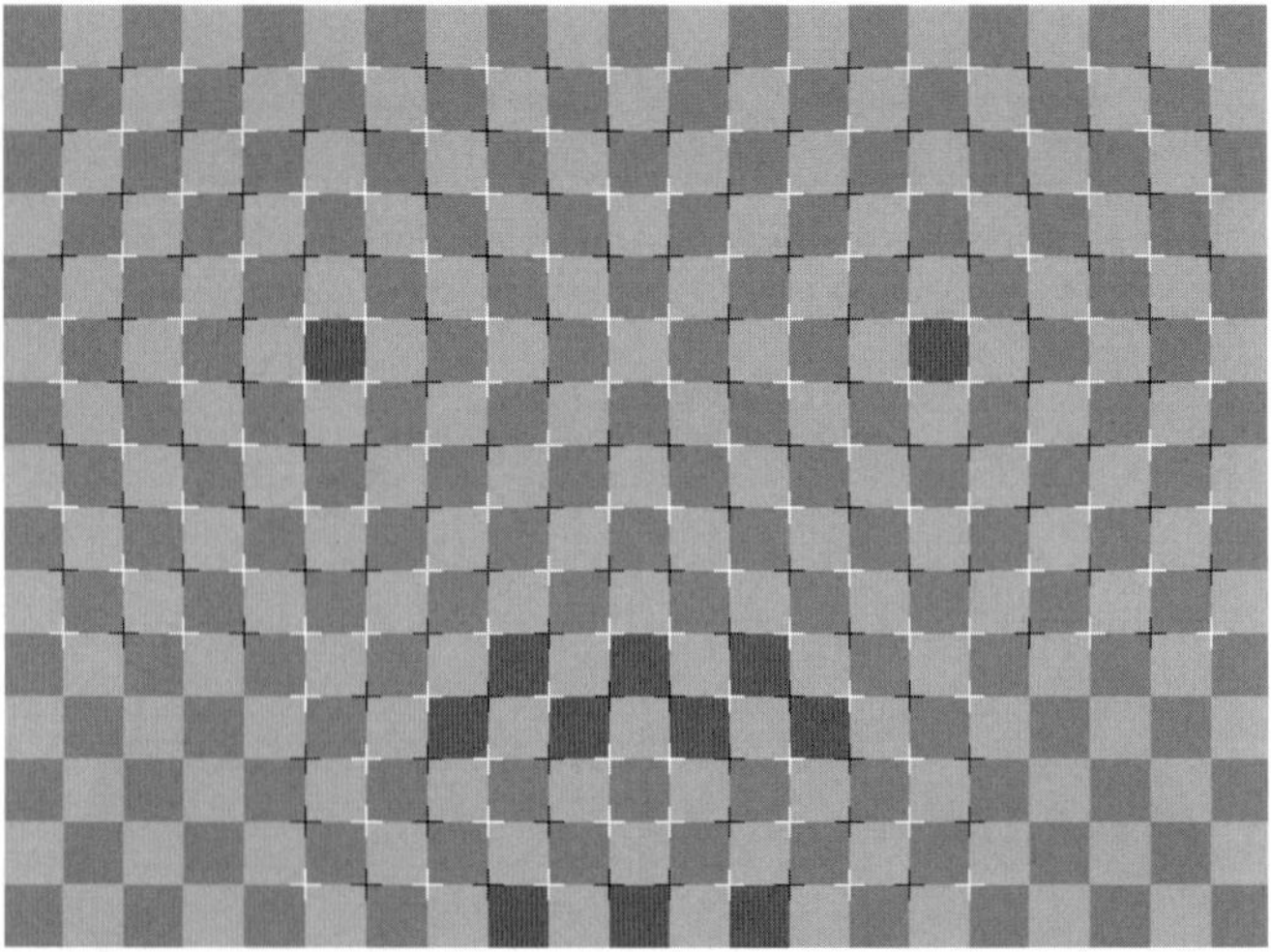

図 4 - 43　筆者作「ひげ男」。垂直・水平の正方形と十字だけでできているが、曲線が感じられる。

図４-44　筆者作「冬将軍」。同心円上に配列したドットが、左に回転して中心に向かう渦巻き状に配列しているように見える。

図 4 - 45　筆者作「渦巻きの詰め合わせ」。同心円のリングが渦巻き状に見える。さらに、これらの同心円のリングの中で何かが回転しているように見える錯視もある。

フェウォール錯視系統のデザインの作図は難しくないので、ぜひいろいろ試してみていただきたい。

五　「カメの養殖」――エッジの変化で傾く錯視

縁飾りエッジの錯視

カフェウォール錯視に見かけは似ているが、カフェウォール錯視の原理（図4-32）では説明できない錯視の一つに、縁飾りエッジの錯視[*5、11]（illusion of fringed edges）があ

図4-46　縁飾りエッジの錯視。白と黒の正方形の市松模様の境界部分が、正方形の角に置かれた白と黒のダイヤモンド形の影響で、左に傾いて見える。

図4-47　縁飾りエッジの錯視　二次元的基本図形。水平のエッジは左に傾いて見え、垂直のエッジも左に傾いて見える。

図4-48　筆者作「カメ」。垂直のエッジは内向きに曲がって見え、水平のエッジは外向きに曲がって見える。

る。基本図形は図4-46であるが、実用的にはこの傾き錯視を二次元的に配置した図4-47を基本とするのがよいだろう。

縁飾りエッジの錯視は、「カメ」の錯視として、拙著『トリック・アイズ』(カンゼン、二〇〇二)登場以来人気がある。白黒反転のくり返し図形になっている点もユニークである。最初に登場した作品「カメ」(図4-48)や、そのほかの作品を示しておく(図4-49、図4-50)。

「カメ」の錯視デザインのつくり方は、ふた通りある。一つは、ポリゴン(多角形)でカメの形を描く方法である。もう一つは、正方形で市松模様をつくって、その角に白二つ

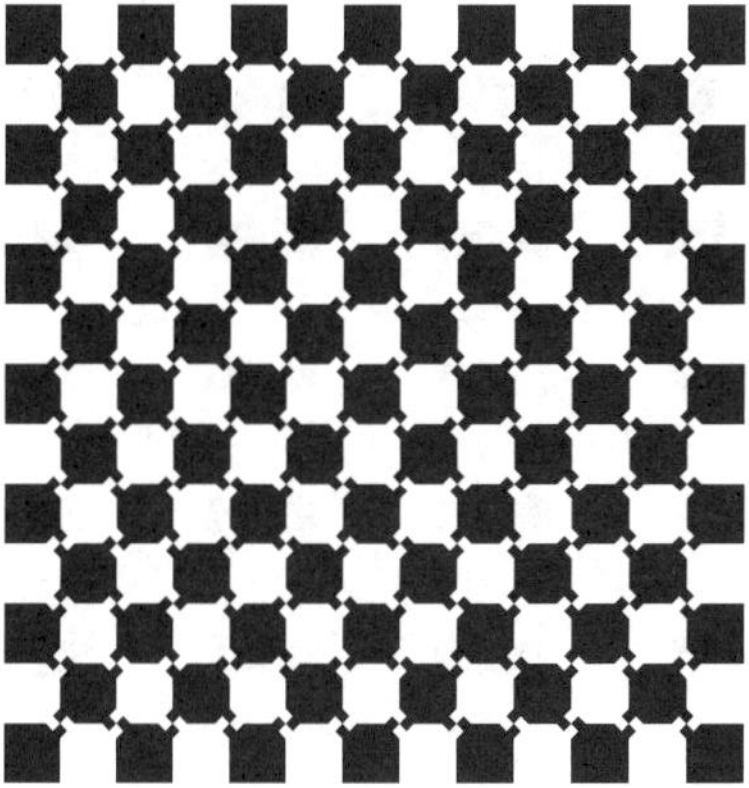

図4-49　筆者作「カメの養殖」。垂直・水平のエッジが傾いて見え、全体に図が波を打っているように見える。

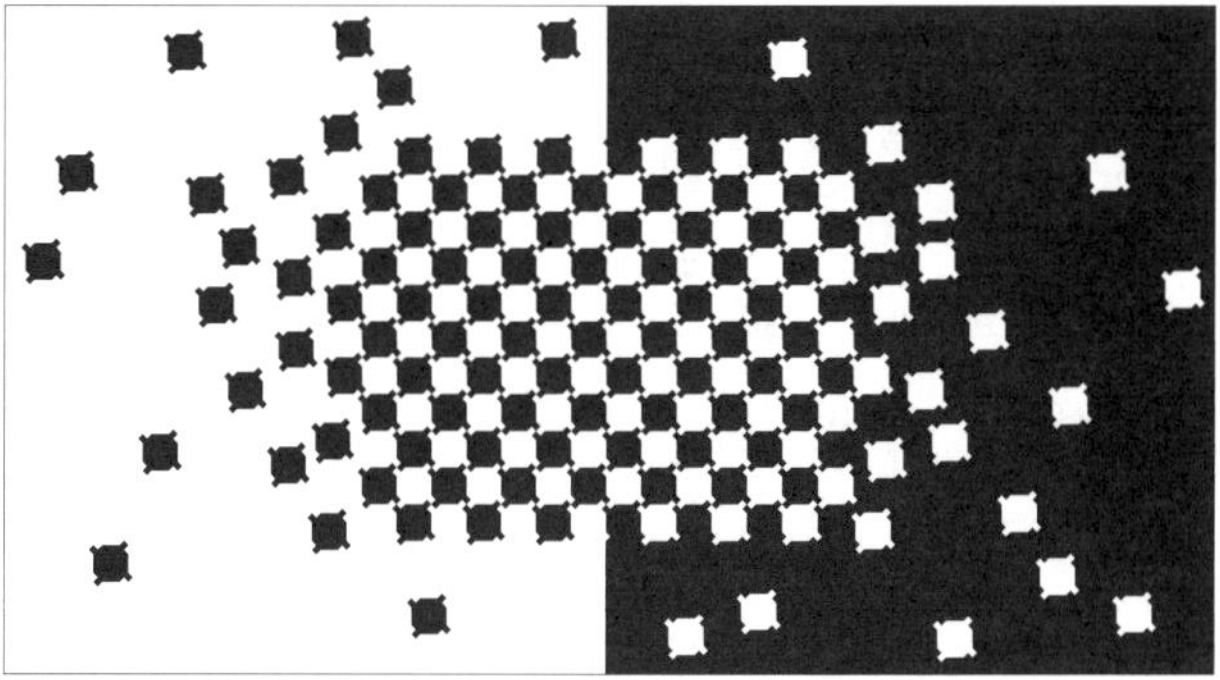

図4-50　筆者作「カメの昼と夜」。カメ1匹1匹は垂直・水平に描かれているが、反時計回りに傾いて見える。この作品は、「カメ」の錯視では白黒反転しても形が同じであるという性質をアピールしている。

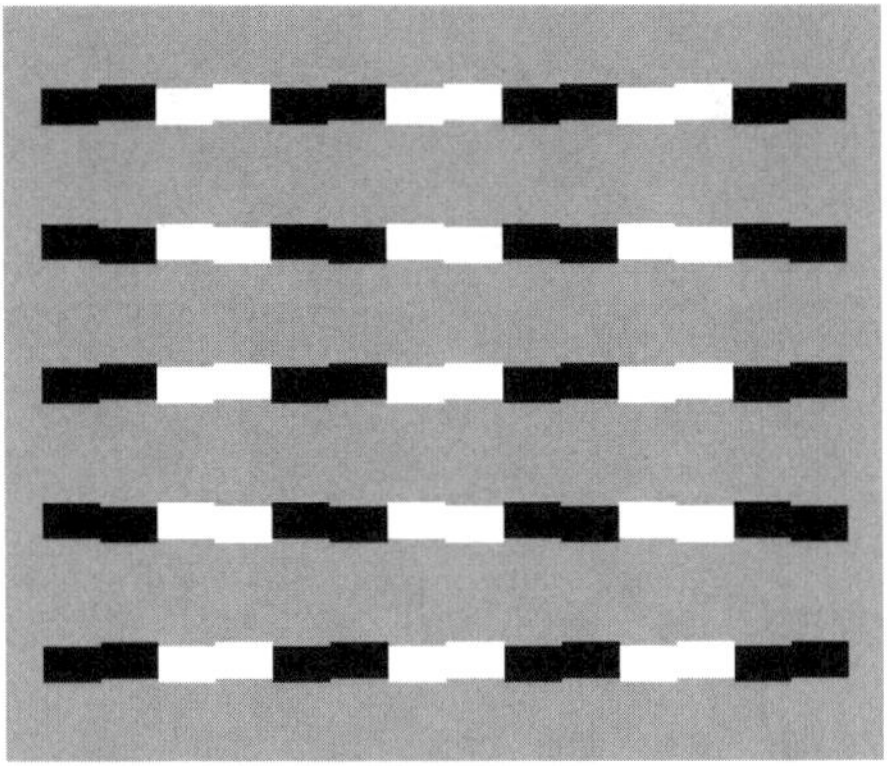

図 4-51　ずれたエッジの錯視。5本の棒は平行に並べてあるが、上から左・右・左・右・左に傾いて見える。

黒二つのダイヤモンド形からなるダイヤモンド形を乗せていくやり方である。

ずれたエッジの錯視

傾き錯視はほかにもいろいろあるが、最後に、ずれたエッジの錯視[*5、11] (illusion of shifted edges) を紹介しよう。図4-51に基本図形を示した。フレーザー錯視によく似ているが斜線はなく、エッジがずれているのが特徴である。斜線がないので、フレーザー錯視より描きやすい。

作品例を、図4-52に示した。図は一見複雑に見えるかもしれないが、正方形を重ねて描くだけでもできるので、描画は比較的簡単である。読者のみなさんは、私のつくった図を眺めるだけではなくて、一度作画にトライしてみていただきたい。

図4-52　筆者作「回」。正方形を少し削った白と黒の図形は正方形状に配列されているが、外側は右上－左下軸方向に引き伸ばされたように形がゆがんで見え、内側は左上－右下軸方向に引き伸ばされたようにゆがんで見える。

第5章

赤く見えても赤ではない……自分でつくれる色の錯視

一　色の錯視

色の錯視いろいろ

色の錯視はいろいろある。二一世紀に入ってから急速に研究が進んで種類も増えたのだが、心理学や色彩学の教科書にはまだ十分反映されていない。一般に知られている色の錯視と言えば、色の対比と色の同化、色の残像、主観色（ベンハムのコマなど）といったところであろうか。強力な色相の錯視であるムンカー錯視は知られていてもおかしくないのだが、まだ知名度は低いように思われる（口絵①）。

イチゴの色の錯視

本書では、自分でつくれる色の錯視を紹介する。たとえば、口絵②を見ると赤いイチゴが見えるが、それぞれの画素（ピクセル）には赤い色相のものはなく、灰色か赤の反対色のシアン色（の彩度の低い色）である。すなわち、これは色の錯視画像である。

この錯視は強力なので、知覚される赤色は錯視なのだということを示す必要がある。口絵②の画素をスクランブルすると口絵③が得られ、赤いものは見えなくなる。しかし、このやり方では「口絵②には赤い画素はありません」ということの証拠としては弱い。

しかも、口絵③の一部を拡大すると、錯視的な赤みが見えてくるのだ（口絵④）。

それでは、口絵②のイチゴの一部（右下のイチゴの先端部）を拡大した口絵⑤はどうか。このようにすると、かなり赤みは減るが、まだ画像に赤みが感じられるかもしれない。この錯視は強力なのである。

やはり、正確に確かめるのであれば、フォトレタッチソフト（ウィンドウズアクセサリのペイントやアドビ・フォトショップなど）やグラフィックソフト（コーレルドローやアドビ・イラストレーターなど）のスポイト機能を用いて、口絵②には赤い画素はないということをしらみつぶしに調べていくのが確実である。もっとも、少数の疑わしい画素を調べるのであれば問題ないが、すべての画素を調べつくすというのは、一般的には画像の画素数は多い（たとえば口絵②は八五七ピクセル四方の画像なので、画素数は八五七×八五七≒七三万ピクセル）だけに大変である。

イチゴの色の錯視画像のRGB値のヒストグラム

口絵②には赤い画素は含まれていないことを確実に調べる方法の一つとして、すべての画素のRGB値の分布を調べる方法がある。口絵②のRGB値の分布は口絵⑥のようになる。

口絵⑥を読み解く前に、以下、RGB表色系について簡単に解説しておく。RGB値

（赤の値、緑の値、青の値）は、それぞれ0から255までの整数値である。最小値0は、その色は出力されない（あるいは最少の輝度で出力される）という意味である。最大値255は、その色は最大の輝度で出力されるという意味である。Rのみ255で、GとBはともに0なら、それはもっとも鮮やかな赤である。RGBすべて255なら、白である。RGBすべて0なら、黒である。一方、RGBが0と255の間の値、たとえばすべて128なら、それは灰色である。GとBの値が等しくて、それらよりもRの値が大きい場合は、その色は赤色の色相である。逆に、GとBの値が等しくて、それらよりもRの値が小さい場合は、その色は赤の反対色のシアン色（青緑色）の色相であり、赤みはないことになる。

口絵⑥は、Rの値は0から128までの範囲にあり、GとBの値は128から255までの範囲にあることを示している。すなわち、Rの値がGとBの値を超える画素は存在しえないことがわかる。このことから、口絵②には赤い色相の画素はないことがわかる。口絵②においてもっとも赤く見える画素は、RGBすべて128の灰色の画素である。言い換えると、赤いイチゴの写った元の画像（口絵⑦）を、その中でもっとも鮮やかな赤（R255、G0、B0）の画素を灰色（R128、G128、B128）に変換するように設定したアルゴリズムによって変換してできた画像が、口絵②である。

口絵②の元の画像である口絵⑦のRGB値の分布を示したものが口絵⑧で、RGBともに0から255まで値が分布していることがわかる。自然な画像はおおむねこのようになっている。口絵⑥のように、RGB値の分布の範囲が偏っているということ（一定の値より高い値が見られないとか、一定の値より低い値が見られないといったこと）は少ない。ここでいう「偏り」とは、特定の値の頻度の多少であるとか、平均値や中央値の偏りといった意味ではないことに注意されたい。

二　色の錯視をつくる

自分でつくれる色の錯視プログラム

この種の色の錯視についてのわれわれの仮説（ヒストグラム均等化説[*1]）は、「人間の視覚系は、口絵⑥のような偏りのあるヒストグラムの画像が入力されたら、口絵⑧のような偏りのないヒストグラムの画像に変換するかのように知覚する」というものである。この原理に基づいて、誰でも簡単に色の錯視を作成できるよう設計されたウェブプログラムが次のURLである（http://www.psy.ritsumei.ac.jp/~akitaoka/histogram_compression-ECVP2021-ShowTime-j.html）。本書で

図5-1　自分でつくれる色の錯視プログラム「RGB値のヒストグラム圧縮による色の錯視図形作成のJavaScriptプログラム」のアドレス（URL）のQRコード。

図5－2　自分でつくれる色の錯視プログラムの初期画面。

は、「自分でつくれる色の錯視プログラム」と呼ぶこととする。スマートフォンやタブレットでも動作するので、そのURLのQRコードを図5－1に示しておく。

自分でつくれる色の錯視プログラムの使い方

　自分でつくれる色の錯視プログラムの使い方は簡単である。まずはURLにアクセスする。そうすると、図5－2のような画面が現れる。口絵⑦の画像が最初から選択されている。これを口絵②のような色の錯視画像に変換するに

図5-3　自分でつくれる色の錯視プログラムの初期画面において「ヒストグラム圧縮」ボタンを押したら生成される色の錯視画像。画面をクリックすると、クリックされた場所の画素の色のデータが左下に表示される。

は、「ヒストグラム圧縮」と書かれたボタンを押すだけでよい。ヒストグラム圧縮ボタンを押すと、そのボタンの下に色の錯視画像が現れる（図5-3）。これが本当に錯視画像になっているのかどうかを確認するには、画像をクリック（左クリック）する。クリックした場所の画素の色が錯視画像の左下にある正方形の中に描かれるとともに、そのRGB値が表示される。図5-3の錯視画像においてもっとも赤く見える画素は、灰色（R128、G128、B128）である。気に入った錯視画像ができたら、画像を右クリックすることで、PNG形式のファイルとして保存することができる。なお、PNG形式はJPG形式と並ぶ代表的な画像ファイル形式である。

錯視画像が表示される領域の下に、「オリジナル画像」が表示される（口絵⑨）。これは選択された画像と同じである。異なるのは、ここに表示された画像をクリックすると、クリックした場所の画素の色が左下に表示されるので、錯視画像と色の比較をすることができることである。

その下には、「自動ヒストグラム圧縮」というボタンの領域がある。このツールの使い方は、後ほど解説する。

そのさらに下に、「RGBのヒストグラムを描画」というボタンがある。そのボタンを押すと、その下の枠の中に、オリジナル画像と錯視画像のRGB値の分布のヒストグラムが描画される（口絵⑩）。この場合のオリジナル画像のRGB値の分布のヒストグラムは口絵⑧と同じで、錯視画像のそれは口絵⑥と同じである。

ひまわりの色の錯視のつくり方

自分でつくれる色の錯視プログラムには、二〇個の画像がデモ用に用意されている。プログラムの上方にはそのうちの一七個のサムネールが並んでいるが、そのどれかをク

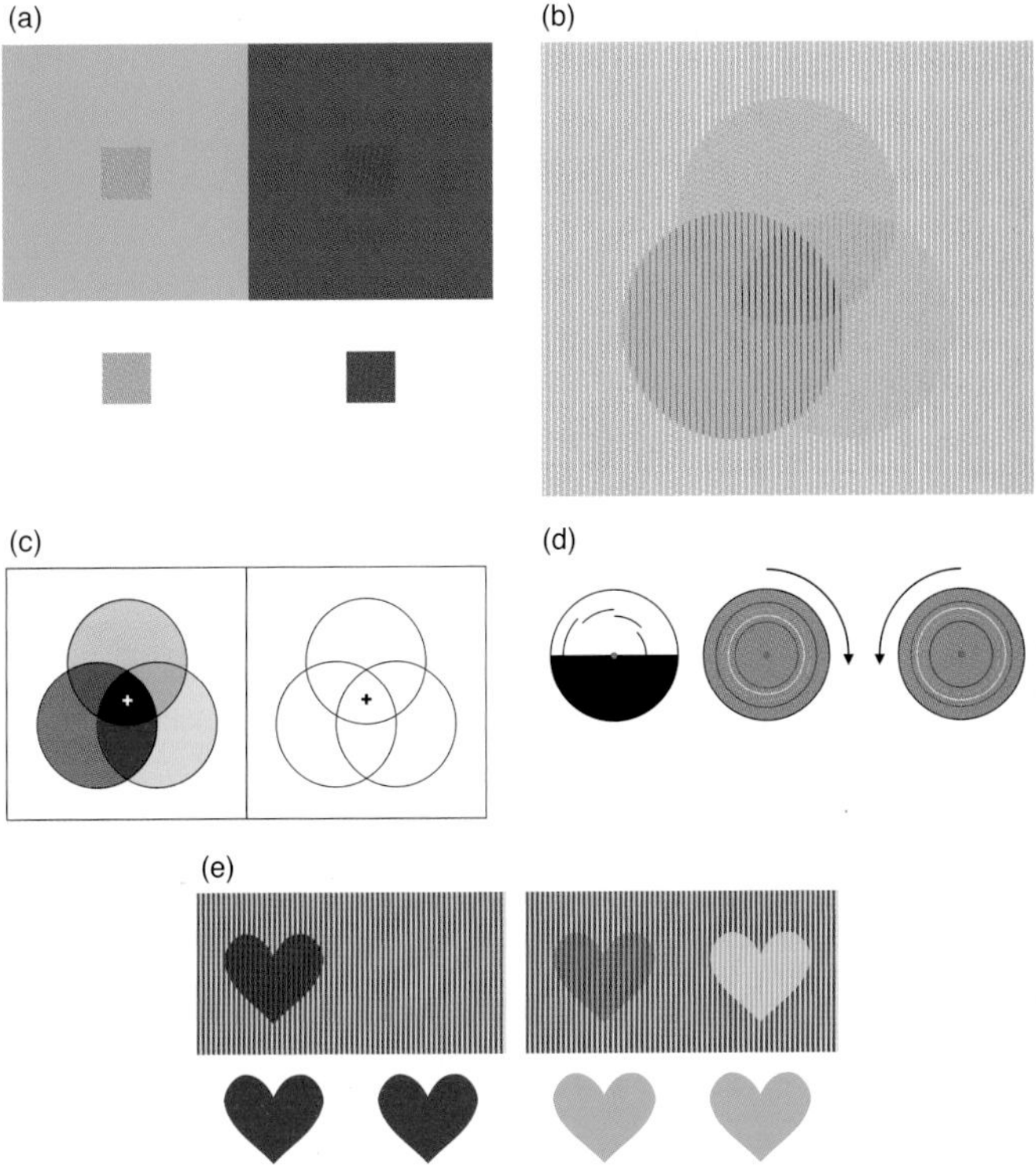

口絵①　一般に知られていると思われる色の錯視。(a)色の対比。ターゲット領域に周囲の色の反対の色が誘導されて見える現象。上段の正方形はそれぞれ下段の正方形と同じ灰色であるが、左上の正方形は赤紫を帯びて見え、右上の正方形は緑みを帯びて見える。(b)色の同化。色の付いた細い線の背景の灰色に、その色が誘導されて見える。(c)色の残像。左の白い十字(順応刺激)を10秒ほど見つめて、右の黒い十字に目を移すと、順応刺激の視野領域に対応した視野領域に、反対の色が見える。たとえば、上部の水色(シアン色)に対応した残像の色は赤、右下の黄色に対応した残像の色は青である。(d)主観色。この例は、ベンハムのコマ。左端のような白黒パターンの円盤を回転させると、その回転方向に依存して、右側のような色が見える。(e)ムンカー錯視。上段左は赤紫とオレンジ色のハートのように見えるが、下段の赤と同じ色である。上段右は、青緑と黄緑のハートに見えるが、下段の緑と同じ色である。

口絵②　イチゴの色の錯視。イチゴは赤く見えるが、画素を一つひとつ見ると赤くない。

口絵③　口絵②の画素をランダムに並べ替えたもの。赤いものは見えなくなる。

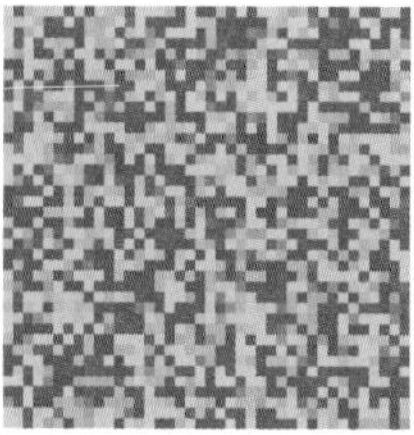

口絵④　口絵③の一部を拡大したもの。錯視的な赤い正方形が見えてくる。

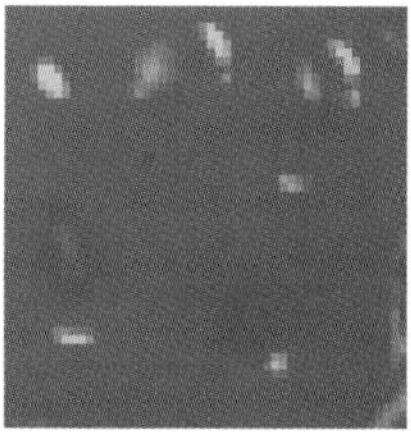

口絵⑤　口絵②の右下のイチゴの先端部を拡大してみた画像。これでも赤みが知覚されるかもしれないが、画素に赤い色相のものはない。

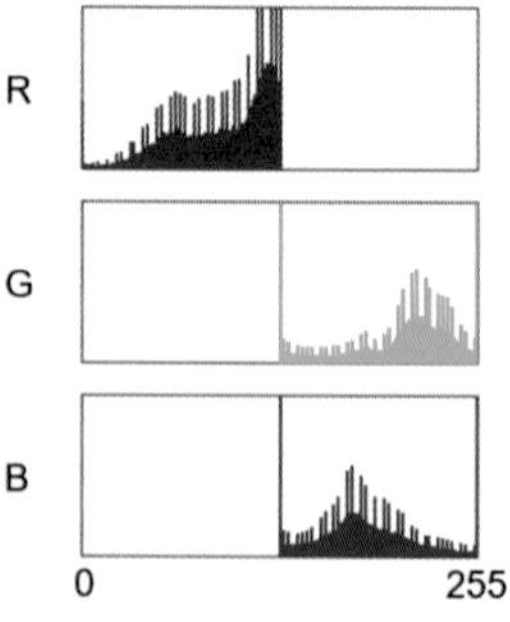

口絵⑥　口絵②の画素のRGB値のヒストグラム。Rの値は0から128までの範囲にあり、GとBの値は128から255までの範囲にある。

口絵⑦　口絵②の元の画像

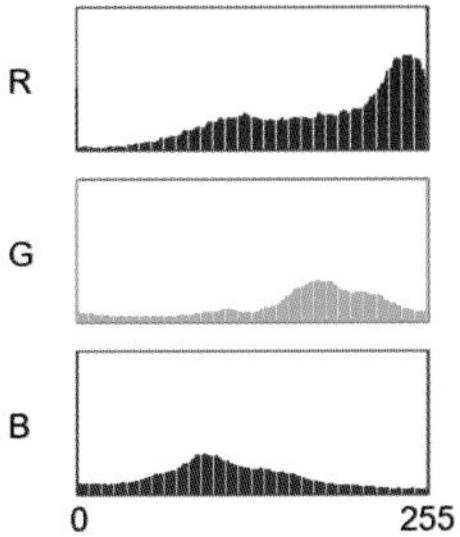

口絵⑧　口絵⑦の画素のRGB値のヒストグラム。RGBともに0から255まで値が分布している。周期的に頻度が低い値がある(白い縦の筋がある)のは、最初に撮影したイチゴの画像をデモ用に鮮やかになるように加工した時に起きた副産物である。このことが色の錯視に及ぼす影響は少ないと筆者は考えている。

口絵⑨　錯視画像(図5-3)の下にも表示されるオリジナル画像。画面をクリックすると、クリックされた場所の画素の色がわかる。この画像は、一番下のイチゴの先端部をクリックして、その色のデータを左下に表示したところである。

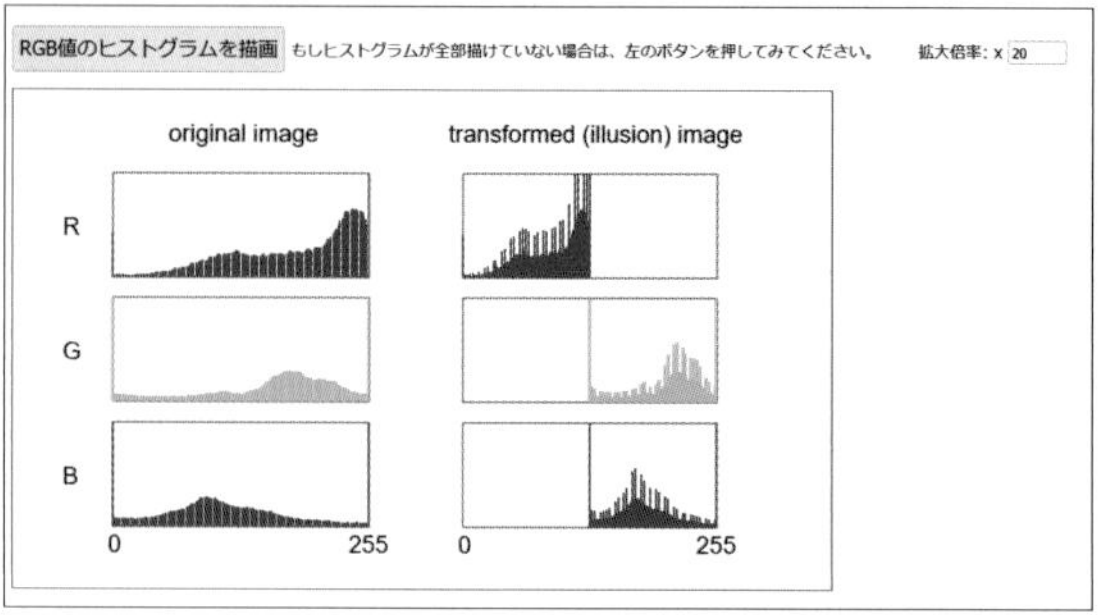

口絵⑩　イチゴのオリジナル画像と錯視画像のRGB値の分布のヒストグラム。

口絵⑪　ひまわりのサムネールをクリックして、用意されているひまわりの画像を読み込んだところ。

口絵⑫　ひまわりの錯視画像。画素に黄色の色相のものはないが、花びらは黄色く見える。この図は、左下の花びらをクリックして、その色のデータを左下に表示したところである。

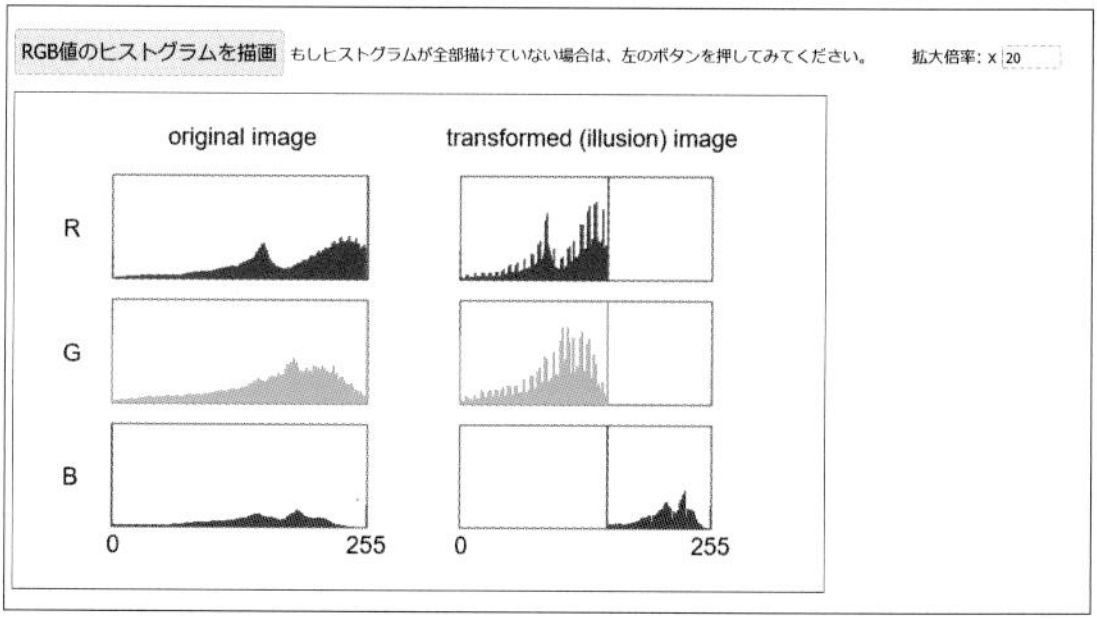

口絵⑬　ひまわりのオリジナル画像と錯視画像のRGB値の分布のヒストグラム。

口絵⑭　右から3番目のイラストのサムネールをクリックして、用意されているシアン色の目のイラスト画像を読み込んだところ。

口絵⑮　イラストの錯視画像。目はシアン色に見えるが、画素としては灰色（錯視画像の左下に表示）である。

口絵⑯　左から6番目の画像のサムネールをクリックして、用意されているクルマの画像を読み込んだところ。

口絵⑰　クルマの錯視画像。クルマのボディは青色に見えるが、画素としては黄色からオレンジ色の色相の灰色である。

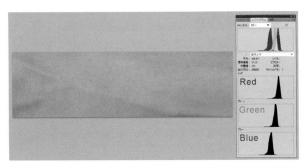

口絵⑱　肌の画像の画素のRGB値のヒストグラム。肌の画像では、RGBそれぞれの値は0から255まで分布するのではなく、特定の値を中心に限局している。なお、静脈は青く見えるが、画素は青くなく、肌色の色相(黄から赤の色相)である。

リックすると、そのサムネールに対応した画像を呼び出すことができる。一番左のサムネールは、上記で用いたイチゴの画像である。ここでは、左から五番目のひまわりの画像をクリックしてみよう。そうすると、「(1) 上にある画像をクリックして選択するか、あなたのフォルダから画像を選んでください」の見出しの下の枠に、ひまわりの画像が読み込まれる（口絵⑪）。

次にやることは、その下にあるヒストグラム圧縮ボタンを押すことである。イチゴの色の錯視のつくり方では説明しなかったが、ヒストグラム圧縮ボタンの右側に、画像を変換するためのパラメータが示されている。サムネールをクリックすると、用意された画像だけでなく、変換用のパラメータも自動で設定される。口絵⑪からわかるように、用意されたひまわり画像の場合は、Rは0から150に、Gは0から150に、Bは150から255の範囲に変換されるよう設定されている。オリジナルの画像のRGB値はそれぞれ0から255の範囲を取っていると仮定したうえで、パラメータとして設定されたそれぞれの範囲に各RGB値を線型に変換するのである。なお、パラメータは自由に書き換えられる。

ヒストグラム圧縮ボタンを押すと、ボタンの下に錯視画像が描かれる（口絵⑫）。ひまわりの花びらは黄色く見えるが、もはやその画素は黄色くない。灰色か青側の色相である。Bの値がRとGの値を必ず上回るよう設定したからである。もっとも鮮やかな黄色（R255、G255、B0）でも灰色（R150、G150、B150）にしかならない。ひまわりのオリジナル画像と錯視画像のヒストグラムは、口絵⑬となる。

目の色の錯視のつくり方

プログラムの上方に一七個並んでいるサムネールのうち、右から三番目の人物のイラスト画像をクリックしてみよう。右目が水色の画像が読み込まれる（口絵⑭）。この水色はシアン色と呼ばれ、青と緑の加法混色で得られる色である。RGB値は（0、255、255）である。RGB表色系においては、シアン色は赤（255、0、0）の反対色である。反対色とは、ある色とその反対色を混ぜ合わせると無彩色となる色のことである。青（0、0、255）の反対色は黄（255、255、0）で、緑（0、255、0）の反対色はマゼンタ色（255、0、255）である。マゼンタ色とは、赤と青を加法混色して得られる明るい赤紫色のことで、右端のサムネールの人物のイラストの右目の色がマゼンタ色である。

ヒストグラム圧縮ボタンを押せば、色の錯視画像が得られる（口絵⑮）。目はシアン色に見えるが、画素としては灰色（R128、G128、B128）である。イラストの色でも色の錯視をつくれることがわかる。

ここまでのまとめ

ここまでの説明をまとめると、ある色を錯視にしようとする場合、変換後にその色相の色が生じないようにパラメータを決める。たとえば赤を錯視にするなら（画素に赤の色相のものはないのに対象が赤く見える画像をつくりたいのなら）、変換後のRの範囲を０から１２８、GとBの範囲をそれぞれ１２８から２５５に設定すれば、Rの値がGとBの値を超えることはない。このため、変換後の画像に赤みが知覚されるのであれば、それは色の錯視ということになる。「１２８」は０と２５５のちょうど中間だからという理由で選んだ数値で、たとえば変換後のRの範囲を０から80、GとBの範囲をそれぞれ80から２５５に設定してもよいし、Rの範囲を０から２００、GとBの範囲をそれぞれ２００から２５５に設定してもよい。

三　オリジナルの色の錯視のつくり方

青いクルマの錯視のつくり方

この色の錯視のつくり方に習熟してくると、もっと複雑なパラメータの選び方ができるようになる。プログラムの上方に一七個並んでいるサムネールのうち、左から６番目のクルマの画像をクリックして、青いボディのクルマの画像を読み込んでみよう（口絵

⑯)。読み込んだら、ヒストグラム圧縮ボタンを押して、それを色の錯視画像に変換する(口絵⑰)。得られた錯視画像では、クルマのボディは青色に見えるが、各画素は赤から黄の色相のほぼ灰色である。画像をクリックして確かめていただきたい。

このときのパラメータは、Rは200から240、Gは180から215、Bは160から200である。奇妙なパラメータであるが、これは人間の皮膚の画像の数値(口絵⑱)を真似たものである。皮下静脈は青く見えるが、実は青くなく、彩度の低い(灰色に近い)肌色(黄色からオレンジ色にかけての色相の色)である。青くないのに青く見えるクルマの錯視画像のつくり方は、静脈が青く見える錯視からヒントを得たものである。

好きな錯視画像のつくり方

これまで説明してきた色の錯視画像については、素材となる画像と変換のパラメータの両方があらかじめ用意されていた。しかし、自分が好きな画像を好きなパラメータで錯視画像に変換できれば楽しいであろう。自前の画像ファイルを選択するには、「(1)上にある画像をクリックして選択するか、あなたのフォルダから画像を選んでください」と書かれた行の下に「参照」というボタンがあるので、それを押すと、画像ファイルをフォルダから選択できる。

R:2, G:151, B:255
ヒストグラム圧縮による色の錯視画像の作り方にまだ習熟していない方へ：
このプログラムは、自動で最適なパラメーターを計算するツールを装備しております（常に完璧とまではいきませんけどね）。
上のオリジナル画像で、目的の色をお選びください。そして、下の「自動ヒストグラム圧縮」ボタンを押してください。変換された画像が上の方に現れます。
自動ヒストグラム圧縮
目的の色： R 2 G 151 B 255
その色が変換された後の色： R 128 G 128 B 128
RGB値のヒストグラムを描画
もしヒストグラムが全部描けていない場合は、左のボタンを押してみてください。
拡大倍率：x 2
original image
transformed (illusion) image
R

図５－４「自動ヒストグラム圧縮」ボタンは、オリジナル画像とヒストグラムの間にある。

次はパラメータの設定であるが、自分で数値を入れる必要がある。これまで説明してきたことを理解していれば、入れるべき数値もだいたい決まるのであるが、このプログラムに慣れていない人のために、自動モードが用意されている。「自動ヒストグラム圧縮」というボタンを見つけていただきたい（図５－４）。これを押す前に、まずターゲットの色を選ぶ。選び方は、ボタンの上に表示されているオリジナル画像をクリックして選ぶか、「目的の色」

の行にある入力ボックスにＲＧＢ値を直接入力する。次の行に、「その色が変換された後の色」の入力ボックスがあり、初期値は灰色（Ｒ１２８、Ｇ１２８、Ｂ１２８）となっている。このまま使ってもよいし、変更してもよい。これらの情報が与えられると、自動ヒストグラム圧縮ボタンを押すことでパラメータが計算され、錯視画像が生成される。

自分でつくれる色の錯視プログラムを使って、自分の撮った写真や描いた絵を用いて、オリジナルの色の錯視画像をつくってみよう。

第6章

だまし絵は錯視か？——いろいろな錯視

だまし絵というものがある。トリックアートとよばれる場合もある。トリックアートと表現すれば、語義上は「だまし彫刻」や「だまし建築」も含めることができて便利である。トリックアートの美術館は日本国内では一〇館以上あるようである。人気のほどがうかがわれる。

一方、本書は錯視の本であり、錯視のデザインの指南書である。はたして、錯視デザインとだまし絵は同じものであろうか。本書では、ここまで「だまし絵」や「トリックアート」ということばを使ってこなかった。それでは、これらは異なるものであろうか。結論を先にいうと、錯視デザインとだまし絵は、アートという観点からすると同種のカテゴリーに属するが、作品が使う現象あるいはトリックが異なるという点で、別のカテゴリーであるとも考えられる。後者の考え方はサイエンスからの観点に基づくものなので、これらを要約すると、以下のとおりである。

「錯視デザインとだまし絵は、アートとしては同種で、サイエンスとしては別種である」

一　だまし絵と錯視

だまし絵の歴史

「錯視デザインとだまし絵はアートとしては同種」とは、どういうことであろうか。まずは、だまし絵の歴史から考察してみよう。

私の意見では、アートはもともと、物語や詩や教訓や自己主張などを絵画や彫刻や音楽に託したもの、すなわち何らかの宗教的・政治的・社会的・文学的なものの表現手段であった。もちろん、今でも多くのアートは、多かれ少なかれその性質をもっている。

西洋美術史の教えるところによれば、セザンヌ（Paul Cézanne：一八三九〜一九〇六）以降、絵画の構成要素そのもの、すなわち形、色、構図などの美を求める傾向が生まれ、これらが現代絵画の特徴をなしているという。この傾向は、バザルリやライリーのオプアート（op art）において顕著である。しかし、私が知る限りでは、オプアートの作品には物語や自己主張が含まれており、絵画の構成要素とそれらのメカニズムだけを表現しようとしたものではない。

この点、唯一エッシャー（M. C. Escher：一八九八〜一九七二）だけが、絵画の構成要素とメカニズムの研究に基づいてその成果を表現することに特化した作品を残した。

エッシャーの作品は古典的な絵画のように精密で美しいのであるが、私の意見では、オプアート以上に現代絵画的であり、絵画の文法を読み解くことに徹底している。つまり、エッシャーはサイエンティストであったと、私は想像している。本人にはそういう意識はなかったのかもしれないが。

一方、もともとヨーロッパの建築物の絵画や彫刻や建物自体の中に、遊び絵・遊び彫刻・遊び建築としてさりげなく演出されていた造形があった。それらを「アート」として独立させたカテゴリーが、だまし絵あるいはトリックアートである。そのカテゴリーの成立あるいは社会的認知がなされたのはいつごろなのかは判然としないが、セザンヌ以降のことであろう。なお、日本にトリックアートを紹介したのは、グラフィックデザイナーでトリックアートの第一人者である福田繁雄氏である。[*1]

そして、エッシャーが後世に遺した強力な影響のもと、現代のだまし絵・トリックアートはさらに発展し、エッシャーが研究した仕掛けを使った作品も多く見られる。それらのトリックの一部は、本章の後半で解説した。

錯視デザインの創始者

一方、錯視デザインは、錯視の心理学的研究から生まれた。錯視が意図的に含まれている図で、その図にはその錯視があることが指摘されていて、しかもデザインすなわち著作権が発生するようなレベルの作品となっているものが、錯視デザインである。したがって、心理学の教科書に載っているような錯視の基本図形は錯視デザインとはいわない。

私は、錯視デザインを多く生産している錯視デザイナーの一人である。実際にはほかに錯視デザイナーらしい人はあまりいないので、今のところ錯視デザイナー界（そんなものがあればだが）の事実上のオンリーワンである。本書にも、新作を含めて、たくさんの錯視デザインを掲載した。

ここで問題になるのは、錯視デザインの創始者はだれか、ということである。錯視図形をたくさんつくった人は少なくない（ミュラー・リヤー、リップス、フレーザー、カニッツァなど）が、デザインとなると話は別である。本書では、錯視デザインの創始者は私（北岡明佳）であると考える。我田引水とはまさにこのことである。

錯視デザインの歴史

本書は私の著書なので、自分勝手に錯視デザインの歴史を振り返ってみようと思う。

最初に私の錯視デザインを公開したのは、東京都立大学（当時）の心理学研究室が一九九五年に開設したホームページ「錯視の会」においてである。これは、私の共同研究者であった石原正規氏（現・東京都立大学准教授）が立ち上げたホームページで、当時はまだインターネットは発展途上であって、今のように誰もがホームページを見られる環境ではなかった。そのようなものをつくって何の役に立つのか、という厳しい意見もあったと聞く。十年余りたった今から見ると、どちらが正しかったかはいうまでもないことで、当時の若き（今も若々しい）石原氏の慧眼が光っている。そしてときはたち、東京都立大学は首都大学東京と名前を変え、ふたたび東京都立大学に名称が戻り、「錯視の会」も「錯視の広場」と名前は変わり、今はそれも消えてなくなった。

当時私は東京都の研究所に勤めており、ホームページ作成は研究職員の自由ではなかったから、私自身によるホームページはまだなかった。私が自前のホームページ「北岡明佳の錯視のページ」（Akiyoshi's illusion pages）を開設したのは、二〇〇一年四月に立命館大学に移って新しい環境にも慣れた一年後、二〇〇二年五月一〇日のことであった。このホームページは、インターネット社会の発達とも同期しつつ発展を続け、二〇二二年二月現在、日本語版（http://www.ritsumei.ac.jp/~akitaoka/index-j.html）は五六三万件、英語版（http://www.ritsumei.ac.jp/~akitaoka/index-e.html）はカウンターの故障であろうが一億二九〇〇万件の累積アクセス件数を記録するに至っている。多いときには、両ページを合わせて、一日に一万件を超えるアクセスがある。

このホームページは最初から「錯視デザインのサイト」であることを公言しているが、私が錯視デザインという概念を提唱したのは、もう少し前のことである。私の錯視の研究論文は一九九八年から出ているが、錯視デザインということを意識した最初の発表は、一九九九年一一月八日の武蔵野美術大学の視覚伝達デザイン学科の「デザイン特論」という講義であった。これは、当時当学科の主任であった勝井三雄教授（日本を代表するグラフィックデザイナー・故人）が無名の私のやろうとしていることの可能性を見抜き、じきじきに私の勤める研究所まで足を運んだ上で、講義の一コマを私に任せたものである。勝井先生の慧眼にも頭が下がる。

講義のタイトルは「錯視をアートする〜オップアート再興宣言〜」であった。当時の私は、アートとデザインの違いをよくわかっていなかったし、オプアート（オップアート）は錯視デザインのようなものであると勘違いをしていた。錯視は視覚現象であり、錯視をつくり出す絵画的技術は存在するが、錯視は物語や自己主張ではないから、それ自体はアートにしようがない。私がいいたかったのは、「錯視をデザインする」ということであった。

ところで、勝井先生が私の存在に気づいたのは東京都立大学の錯視のホームページではなく、「M・C・エッシャー生誕100年に捧げる超感覚ミュージアム」（日本経済新聞社主催）という、エッシャー風の作品の巡回展であった。私はこれに「サイコロジカルな図形」（図6-1）や「Flying squares 2」（図6-2）など八作品を出品していたのである。手元の記録では、一九九九年から二〇〇〇年にかけて、福岡（イムズ）・東京

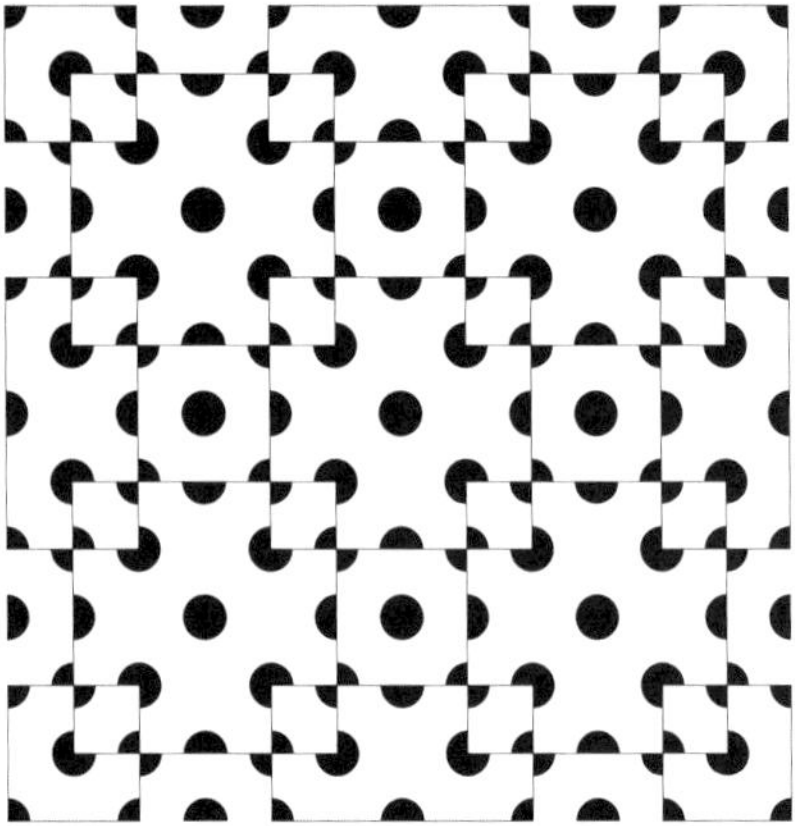

図6-1　筆者作「サイコロジカルな図形」。真っ直ぐな線分が曲がって見える。「サイコロジカル」（psychological）とは、「心理学的」という意味である。

（松屋銀座）・札幌（丸井今井）・神戸（大丸）・仙台（アエル）・佐世保（ハウステンボス）と巡回した。この巡回展には「出品」したわけであるから、錯視デザインが初めて公開されたのは、この「超感覚ミュージアム」ということになる。

「錯視デザイン」ということばを初めて公式に使ったのは、二〇〇一年に『日経サイエンス』誌に九回にわたって連載された「錯視のデザイン学」においてである。このころには、私は錯視デザインを現在と同様、「錯視を適用して錯視を表現すること自体を目的とし、かつ錯視の専門家でない一般の人の鑑賞にも耐えられる作品」と考えるようになってい

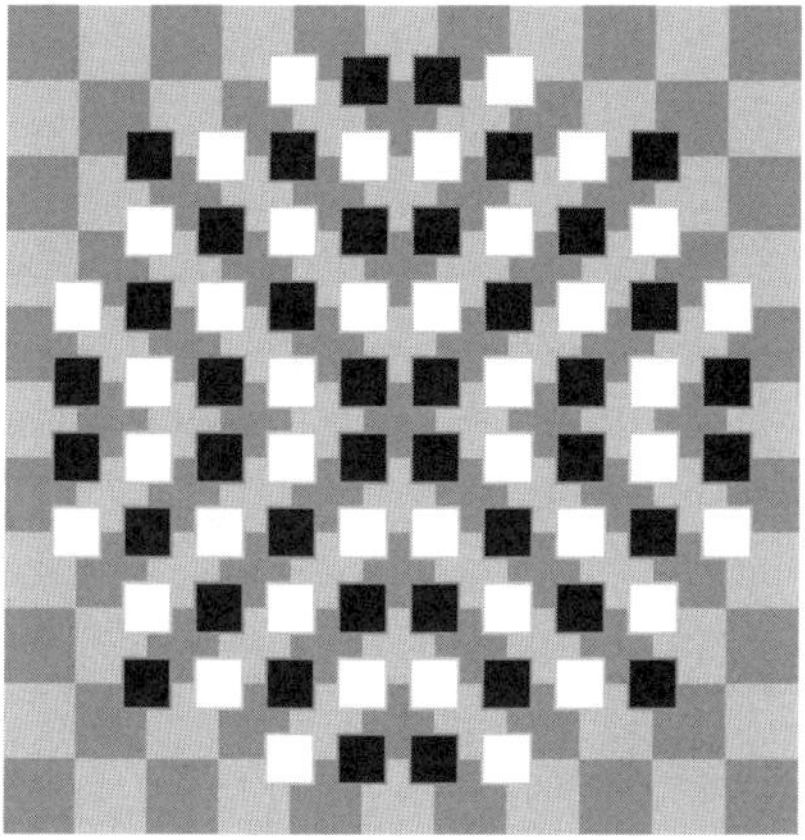

図6-2　筆者作「Flying squares 2」。すべて正方形で描かれているが、図の中心が手前に膨らんで見える。

た。

だまし絵と錯視の違い ——「錯視＝役立たず」か

こうして歴史を概観してみると、だまし絵と錯視デザインにはほとんど接点がないことに気づく。なにしろ、私がだまし絵やエッシャーについて知ったのは「超感覚ミュージアム」に参加したときであるから、本書の初版刊行の七、八年前のことなのである。

だまし絵あるいはトリックアートと錯視デザインの共通点は、作品の内容にはとくに重要な意味はないという点である。一見すると、物語、詩、教訓、自己主張といった内容が作品に含まれていることもあるし、意味ありげなタ

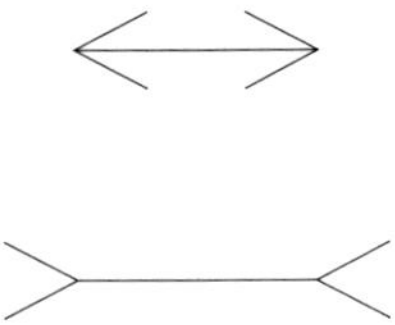

図6-3　ミュラー・リヤー錯視（Müller-Lyer illusion）。上下の横線は同じ長さだが、矢羽を内向きに付けると短く見え（上図）、外向きに付けると長く見える（下図）。

イトルが付いていたりすることがあるが、だまし絵・錯視デザインとも、作品の目的は視覚のメカニズム自体を表現することである。すなわち、古典的な意味でのアートではない。

そのほか、見た人を驚かせて楽しませる効果がある、という点も共通している。だまされた人が喜ぶのは、世界広しといえども、奇術とだまし絵と錯視デザインくらいのものである。見た人を驚かせて楽しませることは、だまし絵の第一の目的でもある。

このように、だまし絵と錯視デザインは古典的な意味でのアートではなく、かつエンターテインメントの効果をもつという点で共通している。しかし、はっきりと似ていない点がある。それは、題材とする視覚現象あるいは視覚のメカニズムが違っている点である。わかりやすくいうと、だまし絵は錯視を使わない。

一般のことばでは、「だまし絵」=「錯視」としても問題はないのかもしれないが、心理学における錯視研究でいうところの「錯視」は、「生存の役に立たない」知覚を指すことが多い。たとえば、同じ長さの線分の長さが違って見えるミュラー・リヤー錯視（図6-3）は、世界中の大学の心理学概論や心理学基礎実験で使われる心理学教師御用達のネタである（何しろ錯視量がとりわけ多くて「失敗」がない）ということを除けば、何の役にも立たないと考えるのが普通である。なぜなら、同じ長さの線ならば、同じ長さに見えた方がよいからである。

しかし、だまし絵に使われる視覚現象は違うのである。役に立つ知覚なのである。たとえば、トリックアートの美術館でよく見かけるだまし絵、すなわち描かれた絵の手前にものが浮いているかのように見せるトリックアートでは、影（shadow）と陰（shade）が主要な技法として用いられるが（次節参照）、これらは通常の生活において、実際の立体物を知覚するための重要な絵画的手がかりなのである。つまり、これらは生存の役に立つのである。たまたま、だまし絵という生存の役に立たない条件下で動作してしまっただけのことであり、それは誤動作であるともいえるが、機能としてはまったく「正常」なのである。

「だまし絵は錯視でない」ことの説明がこれだけでは、読者の多くは腑《ふ》に落ちない点が残るであろう。実はこうである。第1章で述べたように、錯覚は「実在する対象の誤った知覚」である。ということは、だまし絵の場合も、見た人は平面の絵という「実在する対象」を立体物であると「誤って知覚」するのであるから、だまし絵も錯覚を与える錯視デザインであるということができる。要するに、錯視デザインはだまし絵・トリックアートを取り込んでしまうことができる。普段そうしないのは、「錯視とは『役に立たない』誤った知覚のことである」とわれわれ心理学者が現象を限定しているからである。

一方、だまし絵・トリックアートが錯視デザインを包み込むこともできる。だまし絵の定義を「対象の物理的実際と知覚の不一致によって見た人を驚かせて楽しませることを目的とした作品」と考えればよい。そうすれば、錯視デザインをトリックアートの美術館に飾ることができる。実際にそうなっていないのは、現時点で錯視デザイナーの大手である私に売り込みの意欲があまりないことと、アーティストの多くは心理学の学術書(心理学はサイエンスだから総花的で理屈っぽく、しかも心理現象を扱っているから白黒はっきりさせていない事柄が多くて、実用の手引きとして使うにはわかりにくい)を読まないからであろう。

二　トリックアートの手法――影(シャドー)と陰(シェード)

トリックアートの美術館では、影(shadow)と陰(shade)を巧みに用いて、描かれた絵の手前にものが浮いているかのように見せるだまし絵・トリックアートを展示していることが多い。知覚される立体物の立体感は、影と陰によってつくり出されている部分が大きいため、これらの絵画的手がかりを操作する技法は実に効果的である。

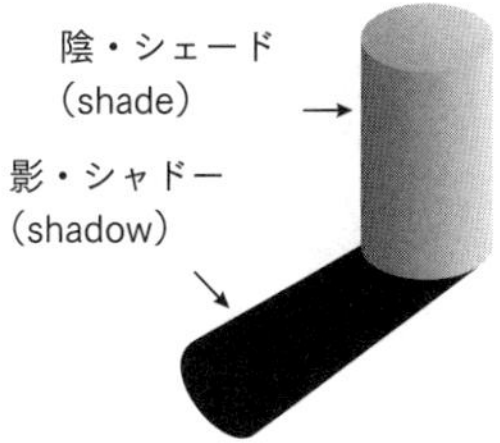

図6-4　**影と陰。**円筒があって、右方向の背後から強い光が当たっているように見える。

影と陰は訓読みではどちらも「かげ」で、日本語ではそのカテゴリーを混同して用いられていることが多いが、知覚心理学の用語上は厳密に区別する。影あるいはシャドーは、ある物体に照明光をさえぎられてできた別の物体表面上の暗く見える部分である（図6-4）。一方、陰あるいはシェードは、ある物体表面のうち、照明光が当たらず暗く見える部分である。シェードだけでも、かなりの立体感を表現できる（図6-5）。

シェードを用いた錯視にラマチャンドランの図形がある[*2]（図6-6）。知覚研究においてこの錯視は“Shape-from-shading”とよばれているから、日本語訳としては「シェードからの形」である。グラデーションの方向に依存して、面の一部が出っ張って見えたり、凹んで見えたりする現象である。グラデーションの上端が明るく下端が暗い場合、その部分は手前に凸に見え、グラデーションの上端が暗く下端が明るい場合、その部分は奥に引っ込んで見える。

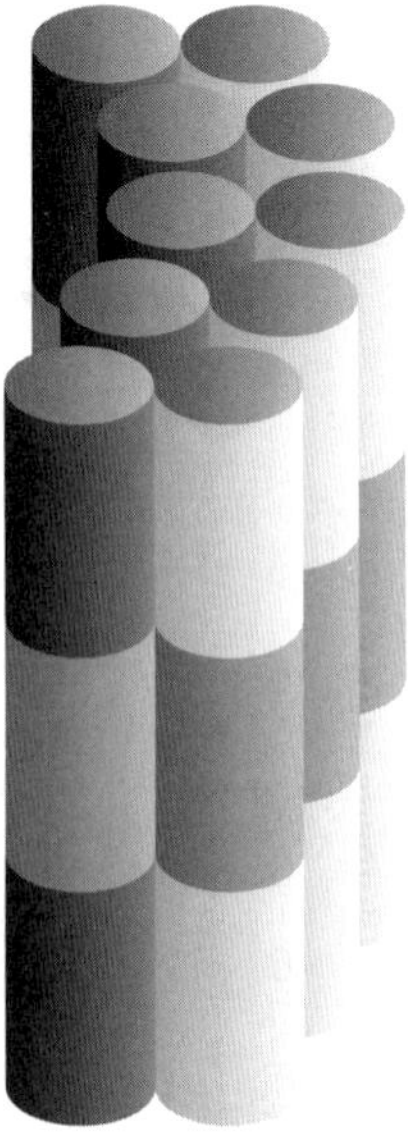

図6-5　筆者作「ダイナマイト」。シェードの効果で、立体的な円筒が並んでいるように見える。この図形には明るさの錯視も入っていて、円筒の蓋は同じ明るさであるが、左側のものが右側のものよりも明るく見える。また、円筒は三つの筒からできているように描かれており、真ん中の筒は左側のものが右側のものよりも明るく見えるが、両者は物理的には同じ明るさである。描画の技法としては、楕円と長方形にグラデーションを付けるだけである。

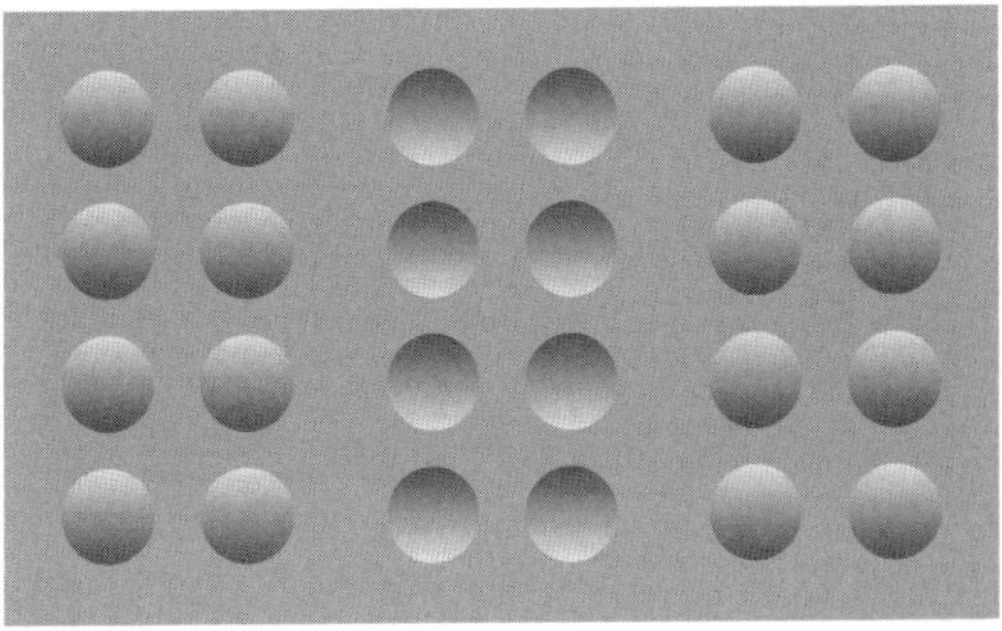

図6-6　ラマチャンドランの「シェードからの形」図形。左縦2列と右縦2列は手前に出っ張って見え、中の2列は凹んで見える。中の2列も出っ張って見える人もいる。

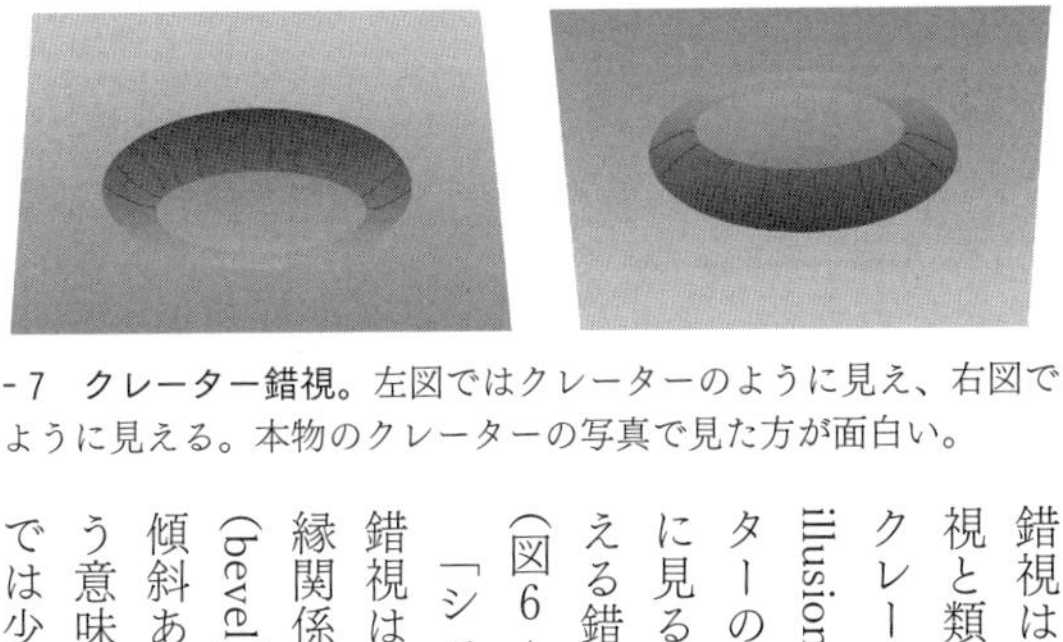

図6-7　クレーター錯視。左図ではクレーターのように見え、右図では丘のように見える。本物のクレーターの写真で見た方が面白い。

「シェードからの形」錯視は、クレーター錯視と類縁関係にある。クレーター錯視（crater illusion）とは、クレーターの写真をさかさまに見ると丘のように見える錯視のことである*3（図6-7）。

「シェードからの形」錯視は、ベベルとも類縁関係にある。ベベル（bevel）とは、本来は傾斜あるいは斜面という意味であるが、本書では少し前のウインドウズやマッキントッシ

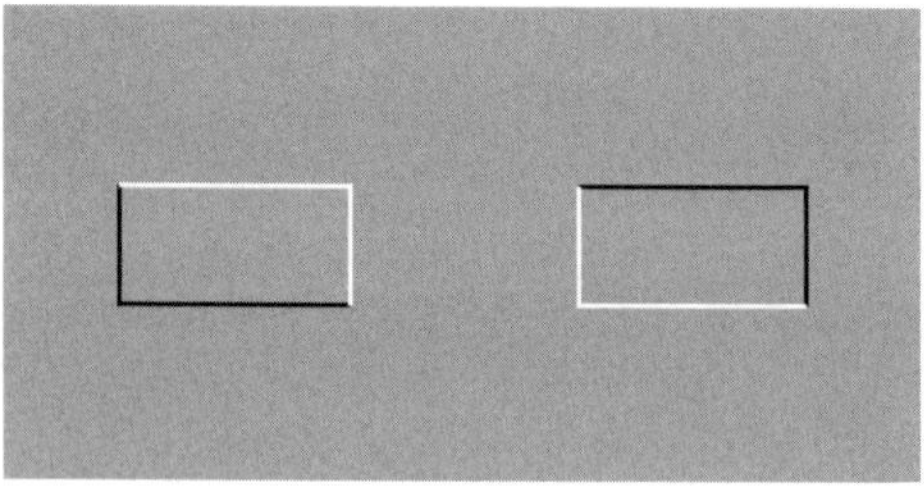

図6-8　ベベル。左の「ボタン」は出っ張って見え、右の「ボタン」は押し込まれたように見える。ベベルは、オブジェクトの上部の境界線を明るくし、下部の境界線を暗くすると出っ張って見え、上部の境界線を暗くし、下部の境界線を明るくすると出っ張って見える現象である。線は細くなければならない。

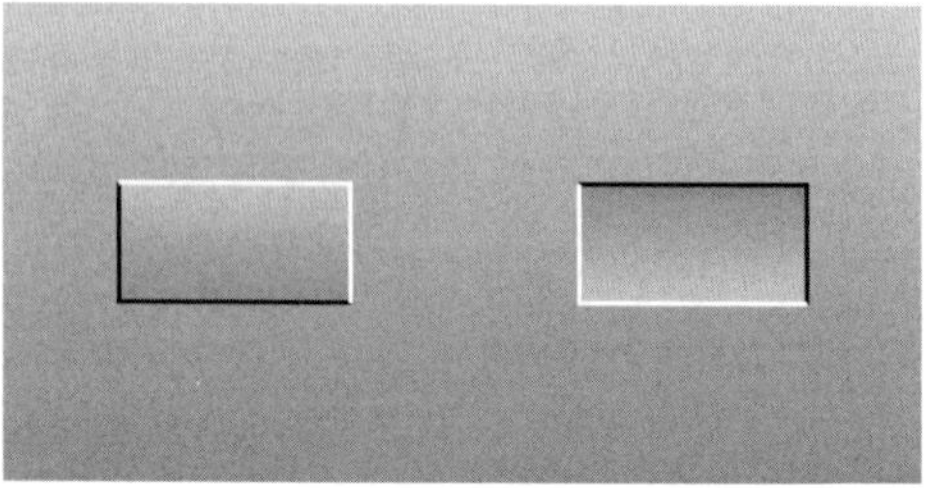

図6-9　シェードからの形とベベルによる立体効果のアンサンブル。左の「ちょっと丸みを帯びたボタン」は出っ張って見え、右のボタンは押し込まれたように見える。

ュの画面上ボタンに使われている画像技術のことを指す。すなわち、ボタンが手前に出っ張って見えたり、押されて引っ込んだように見えたりするお馴染みの視覚効果のことである（図6-8）。ベベルとシェードからの形は、それらの効果を加算させることもできる（図6-9）。

最後に、影あるいはシャドーに話を戻すと、シャドーは物体の空間的位置を知覚する重要な手がかりである。そのため二次元上の絵柄は同じでも、シャドーの位置を変えるだけで、物体の位置が劇的に変化して見えることがある（図6-10）。この効果は、トリックアートで多用されている。

三　ステレオグラムと錯視

なぜ立体的に見えるのか

だまし絵のカテゴリーに入れられることもあるものの一つで、時どきブームがやってきては多くの人が「見えた」「見えない」と熱中するステレオグラム（stereogram）は、どこか錯視の雰囲気が漂っている。しかし、ステレオグラムは両眼立体視（binocular stereopsis）の機能を用いたものである。両眼立体視は役に立つ視覚の働きの一つなので、「錯視＝役立たず」という考え方からすると、ステレオグラムは錯視図ではない。

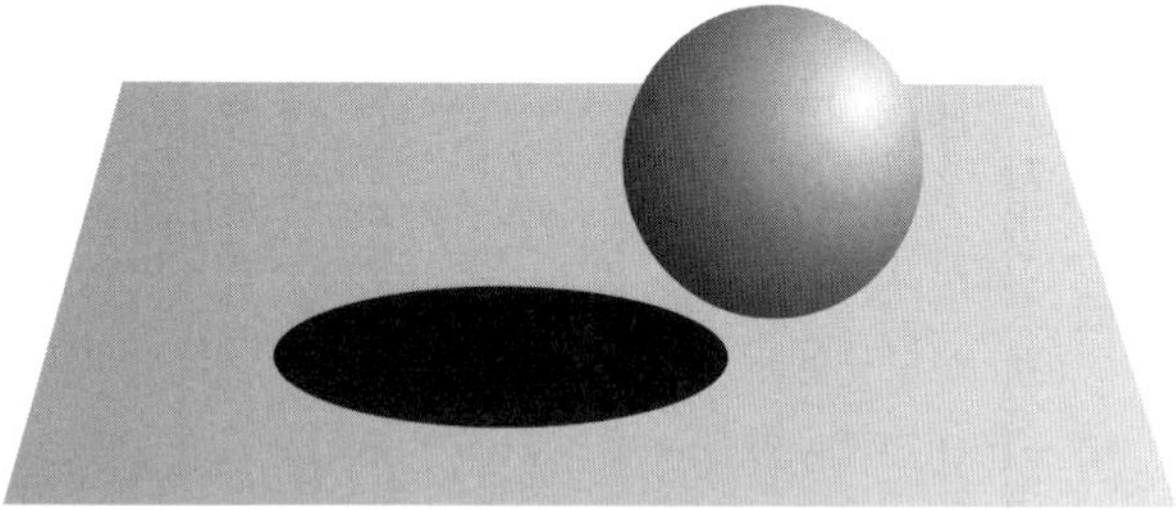

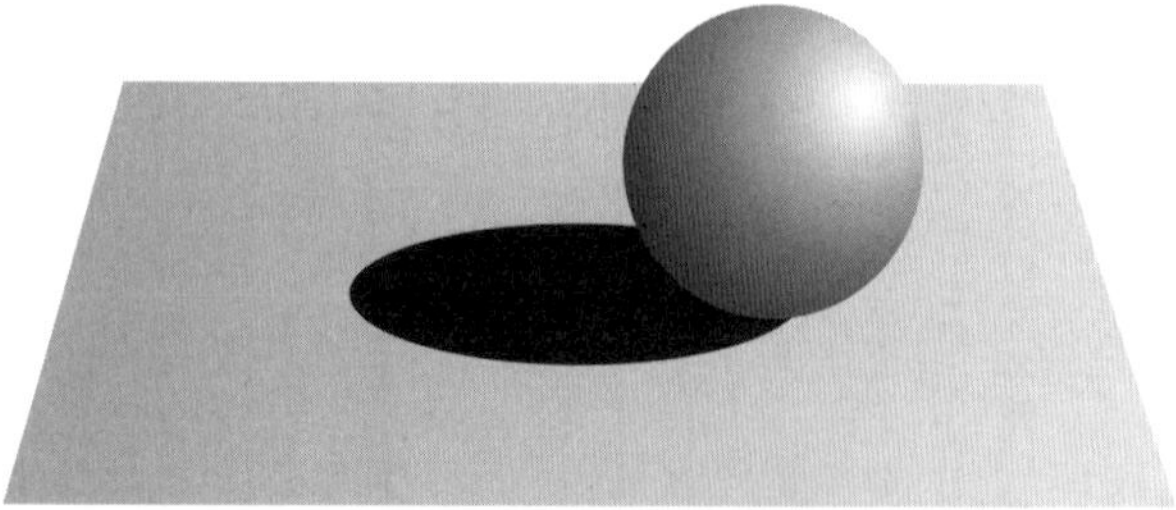

図6-10　シャドーが物体の位置の知覚に及ぼす効果。下の図では球は平面に接しているように見えるが、上の図では平面から浮いているように見える。なお、上図の台形が下図の台形よりも大きく見える錯視も観察できるが、これはジャストローの台形錯視という幾何学的錯視である。

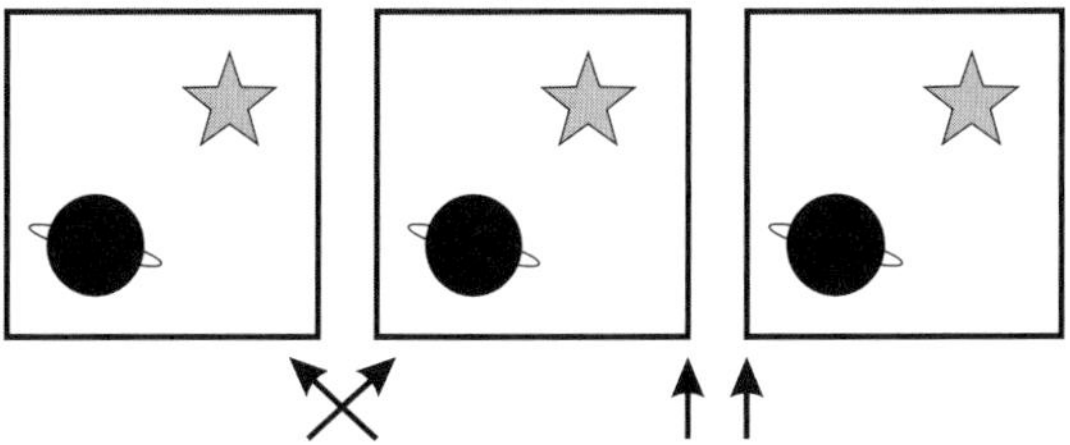

図6－11　ステレオグラムの例。交差法の観察者は、左の図を右目で見て、中の図を左目で見る。平行法の観察者は、中の図を左目で見て、右の図を右目で見る。そうすると、枠の手前に土星が見え、枠の奥に星があるように見える。多くの人は、平行法の方が得意である。

ステレオグラムは3D画像ともよばれ、二次元の絵なのに描かれているものが立体的に見えるという点が珍重される。一方で、両眼で見なくても立体的に見える絵（図6－10など）があるが、そういうものはステレオグラムとはいわない。ステレオグラムの例を図6－11に示した。

ステレオグラムが人気のある理由の一つは、それが「二次元画像なのに立体的に見える現象」という点であり、ちょうど動く錯視が「静止画なのに動いて見える現象」だから人気があるというのと似ている。ステレオグラムの人気のもう一つの理由は、「立体視されたものはなぜか美しい」ということにあると思われるが、これはあまり知られていないが「錯視量の多い錯視図形はなぜか美しい」という法則[*4]があって、それと似ている。

ステレオグラムで観察対象に奥行きが付いて見えるのは、両眼視差によるものである。両眼視差

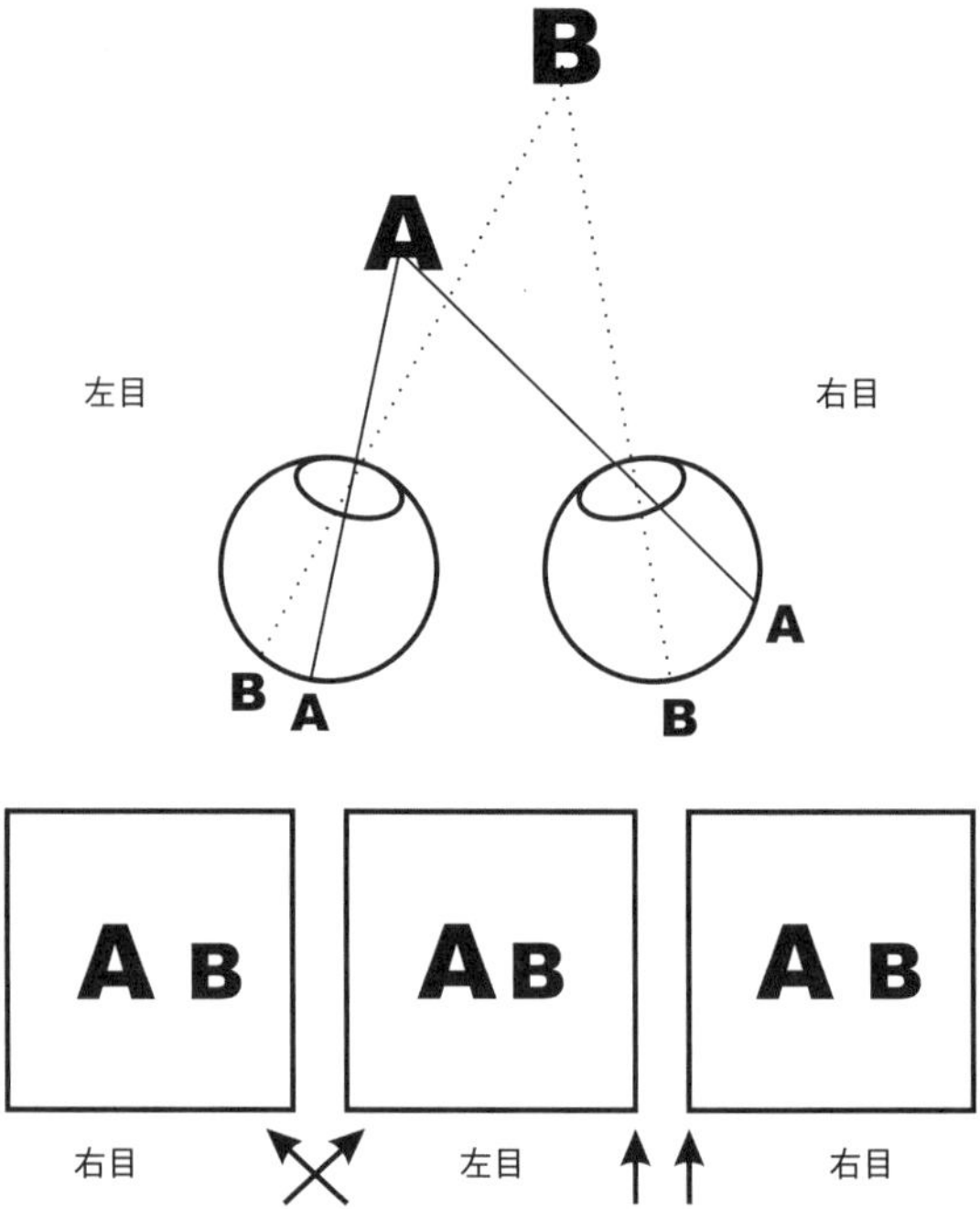

図 6 - 12　両眼視差の説明。図のような奥行きの位置に物体 A と物体 B があると、右目に映る AB 間の距離は、左目のそれよりも長くなる。この情報を手がかりに計算されてつくられた知覚が、両眼立体視である。

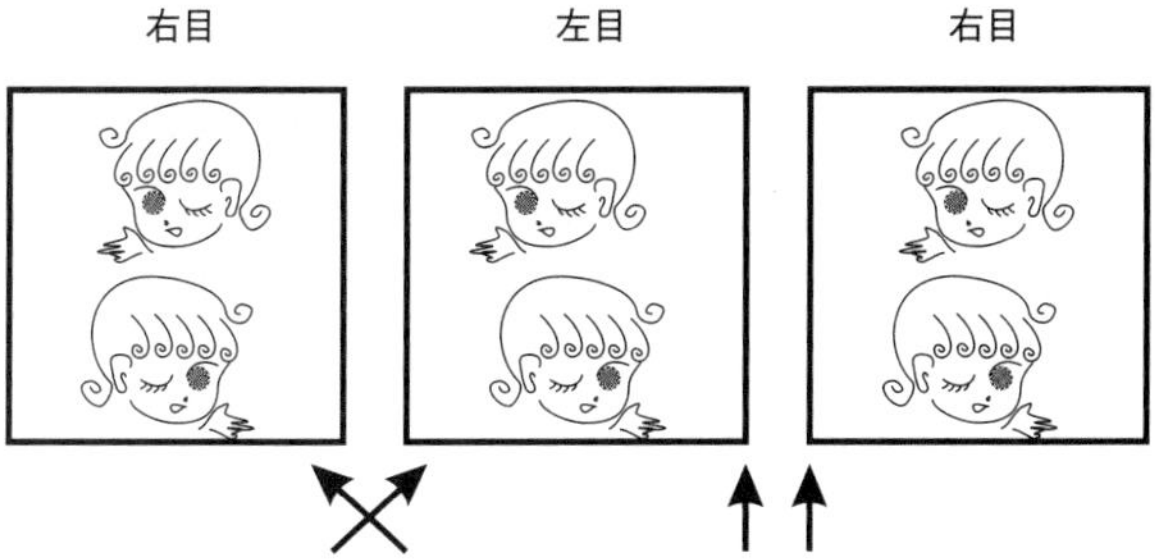

図６－13　筆者作「フリーフューズ練習図形」。両眼融合して見ると、上の顔は奥に、下の顔は手前に見える。フリーフューズとは、交差法あるいは平行法によって、ステレオグラムで両眼立体視をすることである。

（binocular disparity）とは、右目と左目の網膜像上では、奥行きの異なる対象の距離が異なり、それらの距離の差のことをいう。遠くのものは近くのものよりも相対的に鼻側の網膜に投影されるから、両眼視差が生じる（図６－12）。

　このことから、ステレオグラムをつくることは意外と簡単であることがわかる。まず、一枚の図の中に、オブジェクトを二つ描く。同じ図を一枚コピーして、横に並べる。どちらかの図あるいは両方の図のオブジェクトの一つを左か右に少しずらす。なんと、これだけでできあがりである（図６－13）。

ランダムドットステレオグラムとオートステレオグラム

　この辺で、読者のみなさんから、「ステレオグラムは砂粒みたいな図の中から立体物が浮き

図6-14　ランダムドットステレオグラム。両眼融合して見ると、中央に正方形が手前に浮かんで見えるか、奥に沈んで見える。

出てくるものではなかったでしょうか」という質問を受けそうである。それはランダムドットステレオグラム（random dot stereogram）というものである（図6-14）。これは、もともと軍事用技術であったものを、一九六〇年にユレシュが心理学に導入したもので[*5]、両眼立体視の脳内メカニズムを知るうえで重要な「錯視的」図形である。

　ユレシュの主張は、以下のとおりである。ランダムドットステレオグラムでは、単眼では見えないものが両眼による立体視で見ることができる。このことから、両眼立体視は、それぞれの目で見たものの形を構築してから両眼間の像の対応を取る（高次の）過程ではなく、形はまだわからない視覚要素の初期的処理段階において両眼対応を調べる（低次の）過程である。この主張の正しさは、神経生理学的に支持されている。すなわち、両眼性に応答するニューロンや視差に応答するニューロンは、大脳の低次視覚野（V1やV2）にも豊富に分布していることがわかっている。

　もう一つ読者のみなさんからいただきそうな質問がある。

「ステレオグラムは一枚の図のものをよく見かけるのですが」という質問である。それは、一九七九年にタイラーが開発したオートステレオグラム（autostereogram）というものである。*6

これは、壁紙錯視（wallpaper illusion）とよばれる現象を応用したものである。壁紙錯視とは、周期的ではあるが間隔が異なるくり返し模様を眺めているときに、予期しない両眼立体視が発生する現象である。眼球の位置が意図せず変動して（意図しても同じ）、両眼が注視する点にズレが生じたときに、両眼像間で対応を取る模様の組み合わせが変化することで起きる。図6-15にわかりやすい例を示した。

図6-15では、両眼立体視を誘導するための刺激がわかりやすい図形のくり返し模様だが、それをランダムドットや複雑なテクスチャーのくり返し模様で置き換えると、一見してくり返し模様であることがわかりにくくなる（図6-16）。そうすると、仕掛けがわかりにくくなって、立体視をしたときの驚きが大きくなる。市販されているオートステレオグラムには、ランダムドットや複雑な模様が描かれていることが多く、それが面白さに一役買っている。

図 6 - 15　オートステレオグラムの例。両眼融合して見ると、平行法の観察者は下の顔の列が手前に見え、上の顔の列が奥に見える。交差法の観察者はその逆に見える。

図 6 - 16　筆者作「カルデラ火山あるいは笠」。平行法で見ると大きい穴が開いていて、その向こうには空間があって、円錐形のものがこちらに突き出しているように見える。交差法では、笠を裏から見たように見える。

四　反転図形、不可能図形と錯視

反転図形

一つ絵の解釈が、二つあるいはそれ以上になる可能性があるものを、反転図形（reversible figure）という。曖昧図形・両義図形とよばれることもあるが、その瞬間その瞬間の知覚は曖昧ではない。ルビンの盃（杯）（図６－17）やネッカーの立方体（図６－18）をはじめ、数多くの反転図形が知られている。図６－19には、私の作品を一つ示し

図６－17　ルビンの盃（筆者による模写）。白い盃（杯）が黒い背景の前にあるように見える場合と、向かい合った黒い横顔が白い背景の前にあるように見える場合とが、交替して見える。図地反転図形である。

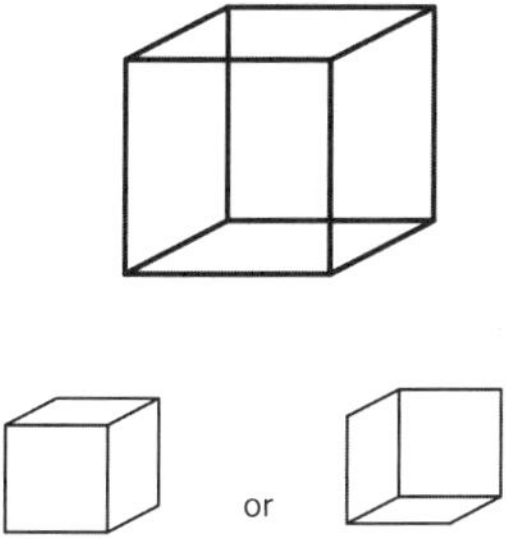

図６－18　ネッカーの立方体。ワイヤでできたような立方体が、下左図のような向きに見えるか、下右図のような向きのどちらかに見える遠近反転図形である。

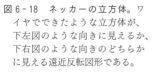

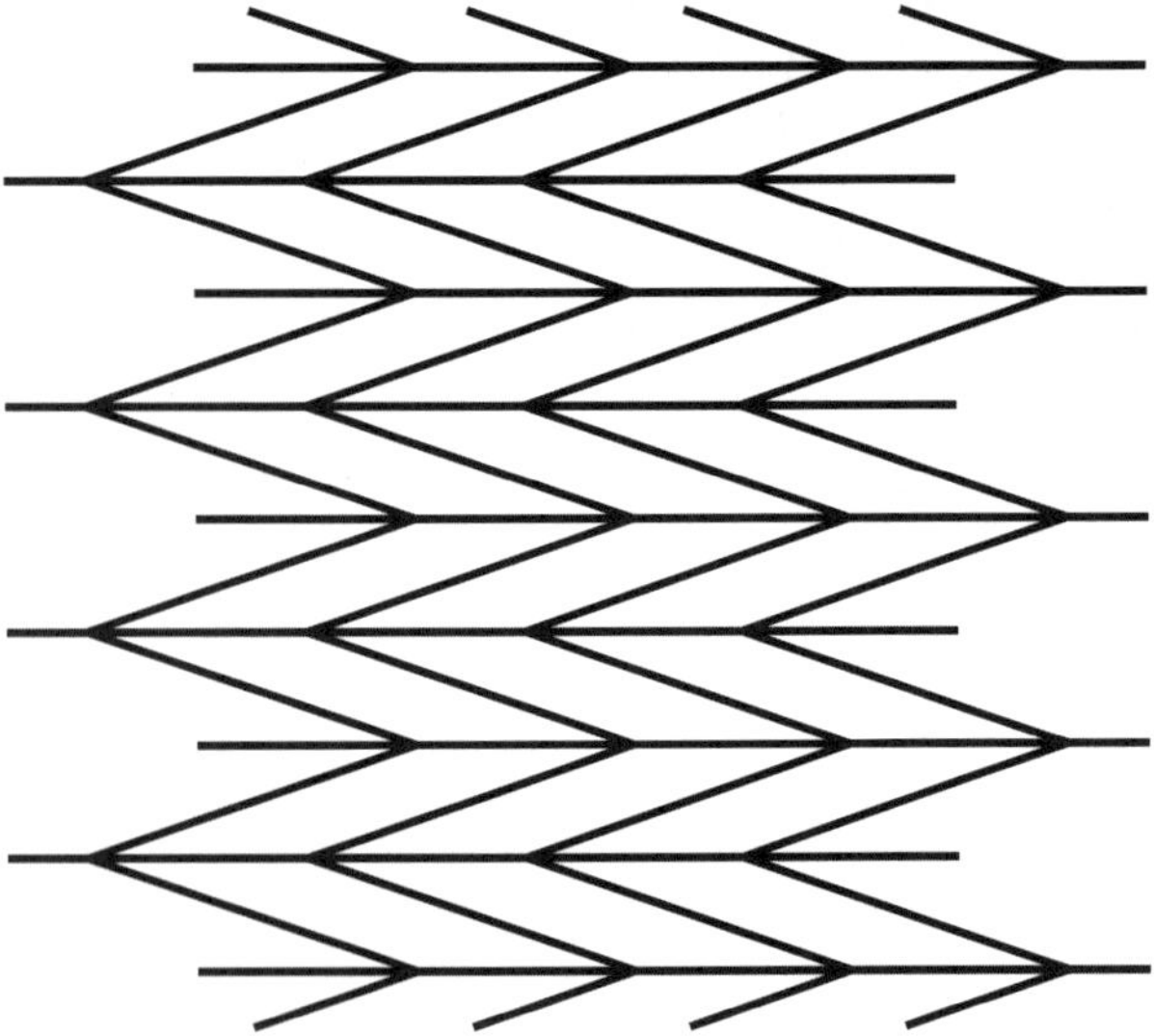

図6-19　筆者作「ひだの付いた金網の回転」。ひだの付いた金網が垂直軸のまわりを回転しているように見える。上から1、3、5、7、9番の水平線が手前に見えるときは、金網は観察者に対して右側方向に面しているように見え、次第に観察者に向かって面を回転してくるように見える。逆に、上から2、4、6、8番の水平線が手前に見えるときは、金網は観察者に対して左側方向に面しているように見え、次第に観察者に向かって面を回転してくるように見える。動く錯視入りの遠近反転図形である。

た。

反転図形の知覚は、一つひとつは「正しい」ものなので、私は錯視の仲間に入れたくないのだが、心理学の教科書では反転図形と錯視は近接したページで紹介されていることが多い。その理由はこうであろう。反転図形は知覚が切り替わるから、対象の実在性を「正しく」反映していないことになる。なぜなら、常識的には（素朴実在論的には）、実在する対象は主観とは独立に一つであり続けているもの、と仮定されているからである。錯視も対象の実在性を「正しく」反映していない知覚である。この点が両者に共通しており、この共通性が反転図形と錯視を仲間とする理由である、というものである。

しかし錯視の多くは、反転図形のような不安定な知覚ではない。錯視の見え方には確かに大きな個人差はある。だが、一人ひとりに注目すると、同じ人が同じ錯視を見れば、次の日も来週も来年も同じように見え続けるものである。

ところで、反転図形の作品のつくり方のコツを私はよく習得していない。そのため、ここでみなさんに反転図形のつくり方を伝授というわけにはいかない。しかし、数多くのアーティストの作品がいろいろな場所で発表されているので、それらの作品からコツをつかみとっていただきたい。

図 6 - 20　不可能図形の例。局所的には無理な部分はないが、全体として見ると、上部と下部の知覚的構造が整合しない。

不可能図形

部分的あるいは局所的には正しいが、全体として見ると現実には不可能な知覚を与える図形のことを、不可能図形 (impossible figure) という。だまし絵の中でも、とくに人の頭を悩ましてくれる楽しい図形である。図 6 - 20 に自作の不可能図形を示した。

不可能図形の知覚は局所的には「正しい」ので、反転図形同様、私は錯視の仲間に入れたくないのだが、不可能図形も心理学の教科書では錯視と近接したページで紹介されていることが多い。その理由はおそらくこうだ。不可能図形は局所的には「正しく」全体的には「間違っている」が、錯視は局所的にも全体的にも「間違っている」ことが多い。すなわち、「全体的に間違っている」という点で、不可能図形と錯視は共通している。この共通性が、不可能図形と錯視を仲間とする理由である、というものである。

反転図形同様、私は不可能図形の作品のつくり方のコツをよく習得していないので、これまたみなさんに不可能図形のつくり方を伝授というわけにはいかない。ただ、不可能図形の作品もさまざまなアーティストによって数多く発表されている。それらを参考にしてほしい。

あとがき

本書は、錯視デザインの指南書である。それも世界初の書物である。本書が錯視デザイナーのバイブルとなることを、私は期待している。

ところが、である。錯視デザインを始めるには、錯視の心理学を知っていなくてはならず、しかもデザインも手がけられなければならないのだから、錯視デザインは知識と技術のレベルにおいてハードルが高い。錯視の科学をひもとくことなく、手探りで錯視のデザインをつくることもできるであろう。しかしできた作品の視覚効果についての説明をすることができなければ、それは錯視デザインではなく、オプアートである。

いや、オプアートはオプアートでよいのだ。ただ、錯視デザインというからには、そのデザインにはどういう錯視をどのように使っていて、デザインにしたことによる錯視の強さの損失はこのくらいで、でもそれを上回る視覚効果がこの程度得られていて……と延々と理屈をこねる用意ができていなければならないのである。

とにかく、始めてみないことには、面白さもわからない。錯視デザインは他人がつくったものを鑑賞するだけでも面白いが、自分自身でつくる醍醐味はそんなものではなく、極上である。究極の道楽なのだ。私はポルシェを買ったことはないが（買えないという可能性もある）、ポルシェ道よりも錯視デザイン道の方の道楽性が高いかもしれない。

しかも、錯視デザインにお金は大してかからない。パソコンとプリンタは、すでにもっている人も多いであろうから、最初に錯視の心理学の文献を集めるのに本代・コピー代がかかるのと、ドローソフトの購入代金程度の出費である。

ところで、錯視デザインは面白そうだが錯視の心理学の勉強なんてまじめなことはやりたくない、という人もいるかもしれない。しかし、その人は学問の本当の面白さを知らないのである。高校くらいまでの数学や理科の学習は確かにお勉強である。学問を楽しんでやるためには基礎が必要だから、学校教育の苦行もやむを得ない。しかし、大学以降は、学問を楽しんでよいのだ。つまり、学問は道楽なのである。快楽なのである。

それでは、あなたが錯視デザインを始めるために、錯視の心理学の本をとりあえず読んでみたくなったとする。どういう本を読めばよいだろうか。答えとしては、一冊しかない。本書である。

錯視の一般向けのやさしい本はいくつか出版されており、他方で錯視の学術専門書も入手できるのであるが、錯視の心理学を概説した上でデザインのつくり方を解説した書物となると、本書しかないのである。しかも、このあとがきを読んでいるということは、本書をすでに入手したということなので、もう新たに本を買う必要はなくなったというわけだ。

最後に、錯視デザインのプロを目指す人に一言述べよう。今なら、錯視デザインを志す競争相手の数は少ない。それどころか、競争相手は一人もいないのかもしれない。だから、短期間でこの業界（そんなものがあればだが）のトップに立てるかもしれない。健闘を祈る。

二〇〇六年一〇月吉日

北岡明佳

文庫版あとがき

本書は、二〇〇七年に出版された『だまされる視覚—錯視の楽しみ方』の文庫版である。このような初学者向けだが専門性のある本は数年おきに改訂版を出すべきもの、あるいは改訂版を出すよう出版社に働きかけるべきものなのかもしれないが、筆者はなかなか時間が取れず、結果として多くの自著書が絶版となる中、本書だけは初版の姿を保ったまま、化学同人に一五年も販売を続けていただいた稀有《けう》の例である。「稀有」では感謝の意味を込められないのだが、ほかに適切なことばが思いつかない。いや、字義そのままに「有難い」でよかったか。

本書は錯視の本であるが、これまでに広く知られた錯視の概説書・解説書ではなく、私が発見あるいは開発した錯視あるいは錯視のデザインを解説したものである。初版から時間はたったが、今見直しても、内容は特段古くない。どちらかというと、今の自分が見ても劇的な錯視およびデザインで、説明もよく書けていて、化学同人はこんなに頑張ってくれたのに、その内容は未だに人口に膾炙《かいしゃ》してはいない（ほとんど誰も知らない）ことに忸怩《じくじ》たる思いである。逆に言えば、内容は古くなっていない。

そこで、この文庫版では基本的にはこれまでの内容は変えず、カラー口絵を使えるという長所を生かして色の錯視の話題を増補した。色の錯視も初版当時よりは相当種類が増えてしまっているが、今回は「加算的色変換」による色の対比錯視に絞って、そのつくり方を説明した。読者が特別なソフトウェアや技術を持っていなくてもつくれるよう、ウェブサイト上で色の錯視を作成するという新しい試みである。インターネットに接続できて、ウェブサイトを閲覧できることが必要条件となるが、読者のインフラがその前提条件を満たしているかどうかなど、二〇二二年の今、もはや聞くまでもない。

錯視は視覚の錯覚である。一般に「錯覚」は「間違った認識」という意味であるが、錯視は本質的には視覚の間違いではなく、視覚のメカニズムの出来の悪さとか限界を意味するようなものでもない。むしろ、錯視は視覚の本質的な機能（働き）を「錯覚」という視点から浮かび上がらせてくれる視覚研究のツールである。

この文庫版で増補した色の対比錯視は、たとえば「画素としては赤ではないのに対象は赤く見える」というものであるが、それは錯覚の文法すなわち「本当はAなのにBと知覚・認知される」という思考形式に誘導することで、錯視として面白おかしく認識されるように仕掛けているということだ。一方、視覚の働きという点から考察すれば、この現象は色の恒常性、すなわち照明やフィルターの色の偏向にもかかわらず知覚される対象の色は、比較的一定を保つことの現れである。色の恒常性はいわば正しい視覚の働きであり、同一の現象を錯視と呼ぶのは認識の違いである。

本書を手に取って下さるような読者なら、「錯視は間違ったものだから、錯視が起きずに正しく知覚されるように努力するべきだ」という方向に難しく考えたりせず、「錯視は面白くて楽しい。それだけで価値がある」と素直に受け入れることができると思う。それを受け入れたら、「ある現象を錯視ということにして認識すれば、面白く楽しいのはなぜか」ということが疑問になるかもしれない。しかし、その正解はわかっているわけではない。現時点では、「錯視を楽しむのは、二足歩行や言語を操れるのと同様に、ヒトという種の特性の一つと考えられる」と考察するのが精一杯のところである。

二〇二二年一月

北岡明佳

aesthetic preference. *Journal of Faculty of Engineering, Chiba University,* **50**, 29-33 (1999).

＊5 Julesz, B. Binocular depth perception of computer-generated patterns. *Bell System Technical Journal,* **39**, 1125-1162 (1960).

＊6 Tyler, C. W. and Clarke, M. B. The Autostereogram. *SPIE Stereoscopic Displays and Application,* **1258**, 182-196 (1990).

(1999).

第4章　水平のはずが……傾きの錯視

＊1 Kitaoka, A. and Ishihara, M. Three elemental illusions determine the Zöllner illusion. *Perception & Psychophysics*, **62**, 569-575 (2000).

＊2 Fraser, J. A new illusion of visual direction. *British Journal of Psychology*, **2**, 307-320 (1908).

＊3 Gregory, R. L. and Heard, P. Border locking and the Café Wall illusion. *Perception*, **8**, 365-380 (1979).

＊4 Pierce, A. H. The illusion of the kindergarten patterns. *Psychological Review*, **5**, 233-253 (1898).

＊5 Kitaoka, A., Pinna, B., and Brelstaff, G. New variations of spiral illusions. *Perception*, **30**, 637-646 (2001).

＊6 今井省吾,『錯視図形・見え方の心理学』, サイエンス社 (1984).

＊7 Kitaoka, A. Apparent contraction of edge angles. *Perception*, **27**, 1209-1219 (1998).

＊8 Lipps, T. "Raumästhetik und geometrisch-optische Täuschungen." Barth (1897).

＊9 Münsterberg, H. Die vershobene Schachbrettfigur. *Zeitschrift für Psychologie*, **15**, 184-188 (1897).

＊10 Kitaoka, A., Pinna, B., and Brelstaff, G. Contrast polarities determine the direction of Café Wall tilts. *Perception*, **33**, 11-20 (2004).

＊11 北岡明佳,『トリック・アイズ』, カンゼン (2002).

第5章　赤く見えても赤ではない……自分でつくれる色の錯視

＊1 Shapiro, A., Hedjar, L., Dixon, E., and Kitaoka, A. Kitaoka's tomato: Two simple explanations based on information in the stimulus. *i-Perception*, **9**(**1**), January-February, 1-9 (2018).

第6章　だまし絵は錯視か

＊1 福田繁雄,『福田繁雄のトリックアート・トリップ』, 毎日新聞社 (2000).

＊2 Ramachandran, V. S. Perception of shape from shading. *Nature*, **331** (14), 163-166 (1988).

＊3 Gibson, J. J. "The Perception of the Visual World." Houghton Mifflin (1950).

＊4 Noguchi, K. and Rentschler, I. Comparison between geometrical illusion and

＊12 Kitaoka, A. Apparent contraction of edge angles. *Perception*, **27**, 1209-1219 (1998).

第3章　同じ明るさなのに……明るさの錯視

＊1 Gilchrist, A., Kossyfidis, C., Bonato, F., Agostini, T., Cataliotti, J., Li, X., Spehar, B., Annan, V., and Economou, E. An anchoring theory of lightness perception. *Psychological Review*, **106**, 795-834 (1999).

＊2 Morrone, M. C., Burr, D. C., and Ross, J. Illusory brightness step in the Chevreul illusion. *Vision Research*, **34**, 1567-1574 (1994).

＊3 Cornsweet, T. N. "Visual Perception." Academic Press (1970).

＊4 White, M. A new effect on perceived lightness. *Perception*, **8**, 413-416 (1979).

＊5 Logvinenko, A. D. Lightness induction revisited. *Perception*, **28**, 803-816 (1999).

＊6 Adelson, E. H. Perceptual organization and the judgment of brightness. *Science*, **262**, 2042-2044 (1993).

＊7 Morikawa, K. and Papathomas, T. V. Influences of motion and depth on brightness induction: An illusory transparency effect? *Perception*, **31**, 1449-1457 (2002).

＊8 Adelson, E. H. Lightness perception and lightness illusions. In M. Gazzaniga (Ed.), "The New Cognitive Neurosciences, 2nd ed." MIT Press (2000), pp. 339-351.

＊9 Kitaoka, A. A new explanation of perceptual transparency connecting the X-junction contrast-polarity model with the luminance-based arithmetic model. *Japanese Psychological Research*, **47**, 175-187 (2005).

Kitaoka, A., Gyoba, J., Kawabata, H., and Sakurai, K. Perceptual continuation and depth in visual phantoms can be explained by perceptual transparency. *Perception*, **30**, 959-968 (2001).

Kitaoka, A., Gyoba, J., and Sakurai, K. Chapter 13 The visual phantom illusion: a perceptual product of surface completion depending on brightness and contrast. *Progress in Brain Research*, **154** (Visual Perception Part 1), 247-262 (2006).

＊10 Schrauf, M., Lingelbach, B., Wist, E.R. The scintillating grid illusion. *Vision Research*, **37**, 1033-1038 (1997).

＊11 Bergen, J. R. Hermann's grid: new and improved. *Investigative Ophthalmology and Visual Science, Supplement*, **26**, 280 (1985).

＊12 Zavagno, D. Some new luminance-gradient effects. *Perception*, **28**, 835-838

参考文献

第2章　静止画がなぜ……止まっているものが動いて見える錯視

＊1 Ouchi, H. "Japanese optical and geometrical art." Mineola（1977）.
Spillmann, L., Heitger, F. and Schuller, S. Apparent displacement and phase unlocking in checkerboard patterns. *Paper presented at the 9th European Conference on Visual Perception*, Bad Nauheim（1986）.

＊2 Kitaoka, A., Pinna, B., and Brelstaff, G. New variations of spiral illusions. *Perception*, **30**, 637-646（2001）.

＊3 Kitaoka, A. Apparent contraction of edge angles. *Perception*, **27**, 1209-1219（1998）.

＊4 Kitaoka, A. and Ashida, H. Phenomenal characteristics of the peripheral drift illusion. *VISION（Journal of the Vision Society of Japan）*, **15**, 261-262（2003）.
Murakami, I., Kitaoka, A. and Ashida, H. A positive correlation between fixation instability and the strength of illusory motion in a static display. *Vision Research*, **46**, 2421-2431（2006）.

＊5 Fraser, A. and Wilcox, K. J. Perception of illusory movement. *Nature*, **281**, 565-566（1979）.

＊6 Naor-Raz, G. and Sekuler, R. Perceptual dimorphism in visual motion from stationary patterns. *Perception*, **29**, 325-335（2000）.

＊7 Faubert, J. and Herbert, A. M. The peripheral drift illusion: A motion illusion in the visual periphery. *Perception*, **28**, 617-621（1999）.

＊8 Fraser, J. A new visual illusion of direction. *British Journal of Psychology*, **2**, 307-320（1908）.

＊9 Backus, B. T. and Oruç, I. Illusory motion from change over time in the response to contrast and luminance. *Journal of Vision*, **5**, 1055-1069（2005）.

＊10 Kitaoka, A. and Ashida, H. A new anomalous motion illusion: the "central drift illusion"（2004）.　日本視覚学会2004年冬季大会発表（工学院大学）
http://www.psy.ritsumei.ac.jp/~akitaoka/VSJ04w.html（発表スライド）

＊11 北岡明佳，止まっているものが止まって見える理由―"心の矛盾"錯覚から脳を読む，*Bionics*, **3**（1），55-59（2006）.

本書は、二〇〇七年一月に刊行された『だまされる視覚
——錯視の楽しみ方』（ＤＯＪＩＮ選書）を加筆・修正し
文庫化したものです。

北岡明佳　きたおか・あきよし
1961年、高知県生まれ。91年、筑波大学大学院博士課程心理学研究科修了。教育学博士。現在、立命館大学総合心理学部教授。専門は知覚心理学。

錯視デザインという新しい領域を開拓し、画期的な錯視図形を次々に発表。その独創的なデザインは各界から注目を集めている。

「北岡明佳の錯視のページ」

(http://www.ritsumei.ac.jp/~akitaoka/) では、さまざまなタイプの錯視デザインを見ることができる。

著書に『現代がわかる心理学』、『イラストレイテッド 錯視のしくみ』、『世界一不思議な錯視アート』など多数。

DOJIN
BUNKO

だまされる視覚《しかく》
錯視《さくし》の楽《たの》しみ方《かた》

2022年3月10日第1刷発行

著者　北岡明佳
発行者　曽根良介
発行所　株式会社化学同人
600-8074　京都市下京区仏光寺通柳馬場西入ル
電話　075-352-3373(営業部)／075-352-3711(編集部)
振替　01010-7-5702
https://www.kagakudojin.co.jp　webmaster@kagakudojin.co.jp
装幀　BAUMDORF・木村由久
印刷・製本　創栄図書印刷株式会社

本書のご感想をお寄せください

ISBN978-4-7598-2506-0